READING BITE

책장을 넘기며 느껴지는
몰입의 기쁨

노력한 만큼 빛이 나는
내일의 반짝임

새로운 배움,
더 큰 즐거움

미래엔이 응원합니다

READING

BITE

PREP

WRITERS

미래엔콘텐츠연구회
No.1 Content를 개발하는 교육 전문 콘텐츠 연구회

PROOFREADER

Mark Holden

COPYRIGHT

인쇄일 2023년 11월 1일(2판 11쇄)
발행일 2020년 11월 2일

펴낸이 신광수
펴낸곳 (주)미래엔
등록번호 제16–67호

교육개발2실장 김용균
개발책임 이보현 **개발** 김민지, 김수아, 정규진, 김은송, 한고운, 정유진, 현수민

디자인실장 손현지
디자인책임 김병석 **디자인** 장병진, 유화연

CS본부장 강윤구
교재사업실장 장명진 **제작책임** 봉대중

ISBN 979-11-6413-606-3

Don't be afraid to make mistakes.
실수를 두려워하지 말아요.

모국어인 우리말이 이미 익숙한 상태에서
우리말 체계와 전혀 다른 영어를 배운다는 것은 쉽지 않습니다.
영어를 잘하기까지는 꽤 긴 시간이 필요합니다.
특히 독해는 단어도 알아야 하고, 문법 지식도 필요하고, 문장 이해력도 필요합니다.
지문을 읽을 때마다 모르는 단어는 계속 나오고,
어렵고 까다로운 문법으로 인해 문장 해석이 제대로 되지 않을 때도 많습니다.
누구나 다 나와 똑같이 어려움을 느끼고 있다고 생각해 보세요.
자신이 모르는 것을 누가 더 많이, 반복해서 꼼꼼하게 확인하느냐에 따라 영어 실력이 달라집니다.

이제부터 영어 지문을 읽을 때
알고 있는 단어가 나오면 우선 그 단어를 통해 어떤 문장이 될까 추측해 보세요.
단어만으로 어떤 내용인지를 추측하는 것도 아주 중요한 시작입니다.
내가 추측한 내용을 해석을 보고 확인해 보세요.
틀린 것이 많다고 해서 절대 실망할 필요는 없습니다.
왜 실수했는지 확인하는 과정이 무엇보다 중요합니다.
중등 과정에서는 반복해서 읽는 것이 꼭 필요한 독해 훈련입니다.

독해는 단어, 문법, 문장 이해력을 한꺼번에 올리는 중요한 영역입니다.
문제를 풀고 나서는 지문을 큰 소리로 읽어보세요.
처음에는 쑥스럽기도 하고 자신감이 떨어질 수도 있지만 이를 극복하고 나면
한 단계 업그레이드된 영어 실력을 마주하게 될 것입니다.

한 단계 성장을 고대하는 여러분의 노력을 READING BITE가 응원합니다.

Preview
미 리 보 기

READING **01**

GUESS & READ 두꺼비와 개구리의 차이점은 무엇일까요?

❶ Toads and frogs aren't the same. ❷ How are they different? ❸ Let's learn about the differences. ❹ Toads are fat, but frogs are thin. ❺ Frogs have teeth, but toads don't. ❻ A toad's skin is bumpy, but a frog's skin isn't bumpy. (①) ❼ Toad eggs come in long strings, but frog eggs come in balls. ❽ A baby toad lives in the water. (②) ❾ When it grows up, it moves to the land. (③) ❿ A frog doesn't move to the land. (④) ⓫ When it grows up, it stays in the water. (⑤) ⓬ Frogs and toads are different in many ways. ⓭ Are you interested in frogs and toads, too?

1 윗글의 주제를 다음과 같이 쓸 때 빈칸에 알맞은 말을 글에서 찾아 쓰시오.

the _____ between toads and frogs

2 윗글의 ①~⑤ 중 주어진 문장이 들어가기에 가장 적절한 곳은?

⓮ It is smooth.

① ② ③ ④ ⑤

STORY LINK

생김새가 비슷한 동물은 무엇
이 있나요?

▶ 노루와 고라니는 생김새가
비슷해서 구별하기 쉽지 않지
만, 각각 다른 점이 있어요.
노루는 송곳니가 없지만 수컷
고라니는 송곳니를 가지고 있
어요. 또한 노루는 수컷만 뿔
이 있고 고라니는 암수 모두
뿔이 없어요. 일반적으로 노루
보다 고라니의 몸집이 더 작
고 털의 색도 고라니가 더 어
두운 편이에요.

ORGANIZING MAP 빈칸에 알맞은 말을 윗글에서 찾아 쓰시오.

	Toads	Frogs
Body	(1)	thin
Teeth	They don't have teeth.	They (2) _____ teeth.
Skin	bumpy	(3) _____
Eggs	The eggs come in (4) _____ .	The eggs come in balls.

REVIEW TIME

4. 직독직해와 주어-동사 찾기

모든 문장에서 주어와 동사를 찾고, 의미 단위로 끊어 읽고 바로 해석하며 독해 속도를 높이고, 긴 문장에 대한 두려움도 줄일 수 있습니다.

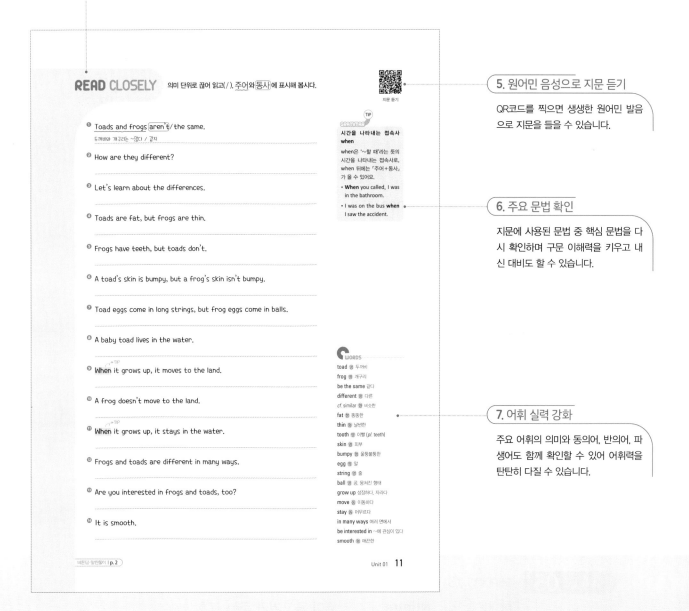

READ CLOSELY 의미 단위로 끊어 읽고(/), 주어와 동사에 표시해 봅시다.

① Toads and frogs aren't / the same.
두꺼비와 개구리는 ~않다 / 같지

② How are they different?

③ Let's learn about the differences.

④ Toads are fat, but frogs are thin.

⑤ Frogs have teeth, but toads don't.

⑥ A toad's skin is bumpy, but a frog's skin isn't bumpy.

⑦ Toad eggs come in long strings, but frog eggs come in balls.

⑧ A baby toad lives in the water.

⑨ When it grows up, it moves to the land.

⑩ A frog doesn't move to the land.

⑪ When it grows up, it stays in the water.

⑫ Frogs and toads are different in many ways.

⑬ Are you interested in frogs and toads, too?

⑭ It is smooth.

지문 듣기

GRAMMAR TIP

시간을 나타내는 접속사
when

when은 '~할 때'라는 뜻의 시간을 나타내는 접속사로, when 뒤에는 「주어+동사」가 올 수 있어요.
· **When** you called, I was in the bathroom.
· I was on the bus **when** I saw the accident.

WORDS

toad 명 두꺼비
frog 명 개구리
be the same 같다
different 형 다른
cf. similar 형 비슷한
fat 형 뚱뚱한
thin 형 날씬한
tooth 명 이빨 (pl. teeth)
skin 명 피부
bumpy 형 울퉁불퉁한
egg 명 알
string 명 줄
ball 명 공, 뭉쳐진 형태
grow up 성장하다, 자라다
move 통 이동하다
stay 통 머무르다
in many ways 여러 면에서
be interested in ~에 관심이 있다
smooth 형 매끈한

5. 원어민 음성으로 지문 듣기

QR코드를 찍으면 생생한 원어민 발음으로 지문을 들을 수 있습니다.

6. 주요 문법 확인

지문에 사용된 문법 중 핵심 문법을 다시 확인하며 구문 이해력을 키우고 내신 대비도 할 수 있습니다.

7. 어휘 실력 강화

주요 어휘의 의미와 동의어, 반의어, 파생어도 함께 확인할 수 있어 어휘력을 탄탄히 다질 수 있습니다.

바른답·알찬풀이 | p. 2

Unit 01 **11**

9. 바른답·알찬풀이

정답 및 해설, 문장의 주어-동사, 직독직해, 지문 해석, 주요 구문 풀이를 확인해 볼 수 있습니다.

Contents
차   례

끊어읽기로
영어 독해
실력 쑥쑥!

Why?

의미 단위로 끊어 읽으면 독해가 훨씬 빠르고 쉬워진다

영어 문장을 우리말 어순에 맞춰 해석하는 습관은 독해 실력을 키우는 데 방해가
돼요. 영어는 문장에 나오는 순서대로 의미 단위로 끊어 읽고 직독직해 하는 것이
가장 좋아요. 이런 습관을 들이면 문장이 길고 복잡해지더라도 문장 구조가 쉽게
이해되며, 해석도 빠르고 정확하게 할 수 있어요.

끊 / 어 / 읽 / 는 / 곳

1. 주어가 짧으면 동사 뒤에서 끊고, 주어가 길면 주어 뒤에서 끊는다.
- **A hug has / many benefits.**
  포옹은 가지고 있다 / 많은 이점을
- **Those hard things / were coffee beans.**
  그 딱딱한 것들은 / 커피콩이었다.

2. 보어나 목적어가 길면 동사 뒤에서 끊는다.
- **There are / some gold letters.**
  ～들이 있다 / 몇몇 황금색 글자들
- **Peter has / a really big belly.**
  Peter는 가지고 있다 / 정말 불룩한 배를

3. 직접목적어 앞에서 끊는다.
- **Sports gave him / confidence.**
  스포츠가 그에게 주었다 / 자신감을

4. 목적격보어 앞에서 끊는다.
- **They call him / a great sportsman.**
  그들은 그를 불렀다 / 위대한 스포츠맨이라고

5. 주어 앞에 부사(구)가 있으면 주어 앞에서 끊는다.
- **Surprisingly, / smiles meant hate.**
  놀랍게도 / 미소는 증오를 의미했다.

How?

독해 실력에 따라 끊어 읽는 단위는 달라질 수 있다

처음 끊어 읽기를 시작할 때는 작은 의미 단위로 끊어 읽는 것이 좋아요. 주어, 동사, 목적어, 보어, 수식어 등 주요 문장 성분으로 끊어 읽고 직독직해를 해요. 실력이 쌓이면 더 큰 의미 단위로 끊어 읽을 수 있어요. 예를 들어 주어와 주어를 수식하는 어구를 끊지 않고 한 번에 붙여 읽는다면 독해가 더욱 빨라지겠죠?

6. 〈전치사＋명사〉의 구조가 있다면 전치사 앞에서 끊는다.
- **People can pay / with their phones.**
  사람들은 지불할 수 있다 / 그들의 휴대전화로

7. 형용사 및 부사적 용법의 to부정사 앞에서 끊는다.
- **Here are the steps / to help you.**
  여기 단계들이 있다 / 당신을 도와주기 위한
- **He got ready / to leave.**
  그는 준비를 했다 / 떠나기 위해

8. 부사(구)와 부사절 앞에서 끊는다.
- **Have cheese / in your diet.**
  치즈를 넣어라 / 당신의 식단에
- **While he was diving, / he saw a big thing.**
  그가 잠수를 하는 동안 / 그는 큰 물체를 보았다

9. 접속사 앞에서 끊는다. 접속사가 생략된 경우 절 앞에서 끊는다.
- **They use electricity / when they travel.**
  그것들은 전기를 사용한다 / 그것들이 이동할 때
- **Some people think / (that) big bellies are useless.**
  어떤 사람들은 생각한다 / 불룩한 배가 쓸모없다고

10. 문장부호가 있는 곳에서 끊는다.
- **Instead, / if you say / "Water, please," / she may bring you water.**
  대신 / 만약 당신이 말한다면 / '물 좀 주세요'라고 / 그녀가 네게 물을 가져다 줄 수도 있다

She is my teacher.처럼 짧은 문장은 붙여 읽어요!

자동재생

글 / 그림 우쿠쥐

UNIT 01

GUESS & READ 두꺼비와 개구리의 차이점은 무엇일까요?

❶Toads and frogs aren't the same. ❷How are they different? ❸Let's learn about the differences. ❹Toads are fat, but frogs are thin. ❺Frogs have teeth, but toads don't. ❻A toad's skin is bumpy, but a frog's skin isn't bumpy. (①) ❼Toad eggs come in long strings, but frog eggs come in balls. ❽A baby toad lives in the water. (②) ❾When it grows up, it moves to the land. (③) ❿A frog doesn't move to the land. (④) ⓫When it grows up, it stays in the water. (⑤) ⓬Frogs and toads are different in many ways. ⓭Are you interested in frogs and toads, too?

1 윗글에서 알맞은 단어를 찾아 글의 주제를 완성하시오.

the _____ between toads and frogs

2 윗글의 ①~⑤ 중 주어진 문장이 들어가기에 가장 적절한 곳은?

⓮It is smooth.

①   ②   ③   ④   ⑤

STORY LINK

생김새가 비슷한 동물은 무엇이 있나요?

▶노루와 고라니는 생김새가 비슷해서 구별하기 쉽지 않지만, 각각 다른 점이 있어요. 노루는 송곳니가 없지만 수컷 고라니는 송곳니를 가지고 있어요. 또한 노루는 수컷만 뿔이 있고 고라니는 암수 모두 뿔이 없어요. 일반적으로 노루보다 고라니의 몸집이 더 작고 털의 색도 고라니가 더 어두운 편이에요.

ORGANIZING MAP 빈칸에 알맞은 말을 윗글에서 찾아 쓰시오.

	Toads	Frogs
Body	(1) _____	thin
Teeth	They don't have teeth.	They (2) _____ teeth.
Skin	bumpy	(3) _____
Eggs	The eggs come in (4) _____ .	The eggs come in balls.

지문 듣기

TIP
GRAMMAR

시간을 나타내는 접속사 when

when은 '~할 때'라는 뜻의 시간을 나타내는 접속사로, when 뒤에는 「주어+동사」가 올 수 있어요.

• **When** you called, I was in the bathroom.
• I was on the bus **when** I saw the accident.

❶ Toads and frogs aren't /the same.
두꺼비와 개구리는 ~않다 / 같지

❷ How are they different?

❸ Let's learn about the differences.

❹ Toads are fat, but frogs are thin.

❺ Frogs have teeth, but toads don't.

❻ A toad's skin is bumpy, but a frog's skin isn't bumpy.

❼ Toad eggs come in long strings, but frog eggs come in balls.

❽ A baby toad lives in the water.

❾ →TIP When it grows up, it moves to the land.

❿ A frog doesn't move to the land.

⓫ →TIP When it grows up, it stays in the water.

⓬ Frogs and toads are different in many ways.

⓭ Are you interested in frogs and toads, too?

⓮ It is smooth.

WORDS

toad 명 두꺼비
frog 명 개구리
be the same 같다
different 형 다른
cf. similar 형 비슷한
fat 형 뚱뚱한
thin 형 날씬한
tooth 명 이빨 (pl. teeth)
skin 명 피부
bumpy 형 울퉁불퉁한
egg 명 알
string 명 줄
ball 명 공, 뭉쳐진 형태
grow up 성장하다, 자라다
move 동 이동하다
stay 동 머무르다
in many ways 여러 면에서
be interested in ~에 관심이 있다
smooth 형 매끈한

GUESS & READ 포옹은 어떤 효과가 있을까요?

① ⓐ A hug is like a handshake from the heart. **②** It makes both the giver and receiver feel good. **③** ⓑ A hug a day makes you feel happy. **④** Are you feeling down? **⑤** Ask one of your friends to hug you. **⑥** Scientists say a hug is healthier than an apple a day.

⑦ ⓒ A hug has many benefits. **⑧** A long hug will _____ your stress and depression. **⑨** Also, when you hug someone, you will feel a sense of safety. **⑩** A gentle hug can heal your loneliness and promote trust. **⑪** ⓓ Lastly, hugging will also make your body healthy. **⑫** It relaxes your muscles and takes away your pain. **⑬** ⓔ Now, many people all over the world give "free hugs."

1 윗글의 ⓐ~ⓔ 중 전체 흐름과 관계 없는 문장은?

① ⓐ ② ⓑ ③ ⓒ
④ ⓓ ⑤ ⓔ

2 윗글의 빈칸에 들어갈 말로 가장 적절한 것은?

① come ② increase ③ try
④ reduce ⑤ cause

FACT CHECK 윗글의 내용과 일치하면 T(True), 그렇지 않으면 F(False)를 쓰시오.

(1) 포옹은 스트레스와 우울함을 높인다. _____
(2) 누군가와 포옹을 하면 안정감을 느낄 수 있다. _____
(3) 포옹은 외로움을 치유해주고 신뢰를 증진시킨다. _____
(4) 포옹으로 인해 근육에 통증을 느낄 수도 있다. _____

지문 듣기

GRAMMAR TIP

feel+형용사

「feel+형용사」는 '~하게 느끼다, ~한 느낌이 들다'라는 뜻으로 주어의 감정이나 상태를 나타내요. feel 뒤에 형용사가 오는 것에 주의하세요.

• The silk scarf **feels soft**.
• I **felt cold** last night.

❶ A hug is like a handshake from the heart.

❷ It makes both the giver and receiver **feel good**. ↗TIP

❸ A hug a day makes you **feel happy**. ↗TIP

❹ Are you **feeling down**? ↗TIP

❺ Ask one of your friends to hug you.

❻ Scientists say a hug is healthier than an apple a day.

❼ A hug has many benefits.

❽ A long hug will _____ your stress and depression.

❾ Also, when you hug someone, you will feel a sense of safety.

❿ A gentle hug can heal your loneliness and promote trust.

⓫ Lastly, hugging will also make your body healthy.

⓬ It relaxes your muscles and takes away your pain.

⓭ Now, many people all over the world give "free hugs."

WORDS

hug 명 포옹 동 포옹하다
handshake 명 악수
from the heart 진심에서 우러나오는
both A and B A와 B 둘 다
benefit 명 이점, 이득
depression 명 우울증
safety 명 안전
gentle 형 부드러운, 적당한
heal 동 치료하다, 치유하다
loneliness 명 외로움
cf. lonely 형 외로운
promote 동 높이다, 증진시키다
relax 동 긴장을 풀다
muscle 명 근육
pain 명 고통, 아픔
reduce 동 줄이다, 낮추다

GUESS & READ 바오밥 나무는 사람과 동물에게 어떤 도움을 줄까요?

❶ Two travelers were walking in Africa. The sun shone on them strongly. ❷ The land was very dry. The river had no water in it. ❸ The travelers sat down next to a big, ugly tree for a break. ❹ They were thirsty, but their water bottles were empty. They walked around the tree to look for water. ❺ Suddenly, one of them climbed to the top of the tree. There was a hole and it was full of water. ❻ The travelers drank the water. The baobab tree saved their lives.

❼ The baobab tree is famous for funny look. ❽ Its bark looks like elephant skin. The branches look like roots. ❾ However, this strange-looking tree can save the lives of people and animals. ❿ Animals use the tree like a drinking fountain. Some animals even move in and live among the roots.

1 What's the best title for the passage?

① Two Travelers' Trip to Africa
② The Danger of a Trip to Africa
③ The Usefulness of the Baobab Tree
④ The History of African Trees
⑤ A Traveler's Journal in Africa

STORY LINK

착한 나무, 바오밥 나무

▶〈어린 왕자〉를 읽어봤나요?
〈어린 왕자〉에는 바오밥 나무
가 행성을 쪼갤 수도 있고 열
매도 제거해야 하는 쓸모없는
대상으로 나오지만, 사실은 유
용한 나무예요. 아프리카의 한
부족민은 바오밥 나무 줄기 안
쪽의 공간을 활용해 집을 짓기
도 해요. 바오밥 나무 열매는
말라리아에, 나무껍질과 잎은
열병이나 염증에, 씨앗은 독화
살 해독에 효과가 있답니다.

---

2 윗글의 내용과 일치하도록 주어진 질문에 우리말로 답하시오.

Q. What does the baobab tree look like?

→ _____

SUMMARY 빈칸에 알맞은 말을 윗글에서 찾아 쓰시오.

The strange-looking baobab tree has (1)_____ at its top. It can (2)_____ the (3)_____ of people and animals.

❶ Two travelers were walking in Africa. The sun shone on them strongly.

_____

_____

❷ The land was very dry. The river had no water in it.

_____

❸ The travelers sat down next to a big, ugly tree for a break.

_____

❹ They were thirsty, but their water bottles were empty. They walked around the tree to look for water.

_____

_____

❺ Suddenly, one of them climbed to the top of the tree. There was a hole and it was full of water.

_____

_____

❻ The travelers drank the water. The baobab tree saved their lives.

_____

❼ The baobab tree is famous for funny look.

_____

❽ Its bark looks like elephant skin. The branches look like roots.

_____

❾ However, this strange-looking tree can save the lives of people and animals.

_____

_____

❿ Animals use the tree like a drinking fountain. Some animals even move in and live among the roots.

_____

_____

GRAMMAR TIP

look like+명사

look like는 '~처럼 보이다'라는 뜻으로 뒤에 명사(구)가 와요. 「look+형용사(구)」는 '~해 보이다'라는 뜻으로 쓰여요.

• It **looks like** a very smart dog.

• It **looks** very smart.

WORDS

traveler 명 여행자

shine 동 비추다

next to ~ 옆에

for a break 휴식을 위해

ugly 형 못생긴, 추한

thirsty 형 목마른

water bottle 물병

empty 형 빈, 비어 있는

cf. full 형 가득 찬

look for ~을 찾다

suddenly 부 갑자기

climb 동 올라가다

top 명 꼭대기

hole 명 구멍

be full of ~로 가득하다

save 동 구하다

be famous for ~으로 유명하다

bark 명 나무껍질

branch 명 나뭇가지

root 명 뿌리

fountain 명 샘, 원천

move in 이사를 들어오다

REVIEW TIME

1 서로 의미가 반대인 단어끼리 연결하시오.

(1) (move)　　(2) (different)　　(3) (full)

ⓐ empty　　　　ⓑ stay　　　　ⓒ gentle　　　　ⓓ similar

2 주어진 단어 카드를 보고 우리말 뜻에 해당하는 단어를 쓰시오.

(1) 날씬한 _____　　　　(2) 악수 _____

(3) 이점, 이득 _____　　　　(4) 우울증 _____

(5) 올라가다 _____　　　　(6) 긴장을 풀다 _____

handshake	climb	relax	hug

depression	benefit	thin

3 우리말 뜻에 해당하는 단어를 찾아 동그라미하고 빈칸에 알맞은 철자를 쓰시오.

k	w	d	r	o	o	t	h
f	o	u	n	t	a	i	n
i	s	d	b	g	a	t	p
e	a	i	k	u	x	l	g
j	f	o	f	h	m	e	v
h	e	a	l	u	c	p	m
b	t	h	i	r	s	t	y
s	y	r	y	b	j	z	a

(1) 울퉁불퉁한　b　　mp

(2) 안전　s　fet

(3) 목마른　t　ir　ty

(4) 치유하다　h　　l

(5) 샘, 원천　fo　n　　ai

(6) 뿌리　r　　t

4 괄호 안에서 어법에 맞는 것을 고르시오.

(1) (When / If) you called me, I was in the bathroom.

(2) The silk scarf feels (soft / softly).

(3) The baobab tree's bark (looks / looks like) elephant skin.

(4) (Because / When) the baby toad grows up, it moves to the land.

5 어법상 어색한 부분을 찾아 밑줄을 긋고 바르게 고치시오.

(1) I felt coldly last night, so I woke up.　　　　　→ _____

(2) The dog on TV looks like very smart.　　　　　→ _____

(3) A hug a day makes you feeling happy.　　　　　→ _____

(4) When do you hug someone, you feel a sense of safety.　→ _____

6 내신 잡는 서술형
우리말과 일치하도록 주어진 단어를 배열하여 문장을 완성하시오.

(1) 나는 슬플 때 음악을 듣는다. (listen to, I, sad, music, feel, when)

　→ I _____.

(2) 그 크리스마스 케이크는 영화에 나오는 성처럼 보인다. (looks, a castle, in a movie, like)

　→ The Christmas cake _____.

Play Time

Look at the two pictures and find 10 differences.

[1]Lightning flashes across the sky. [2]It points down toward the earth. (①) [3]If the lightning hits a house or tree, it can start a fire. [4]If it hits people, it can hurt them. (②) [5]These are long metal poles. [6]People put them high on the roofs of their houses. (③) [7]A wire runs from the rod down into the ground. [8]The lightning doesn't hit the house. [9]It hits the rod instead. (④) [10]Lightning goes down the rod and the wire. [11]It ends up in the ground. [12]Lightning can't hurt anyone there. (⑤)

1 윗글의 제목으로 가장 적절한 것은?

① 번개의 정의　　　　　　　② 번개의 위험성

③ 피뢰침의 원리　　　　　　④ 피뢰침의 생김새

⑤ 피뢰침 설치 방법

2 윗글의 ①~⑤ 중 주어진 문장이 들어가기에 가장 적절한 곳은?

> [13]Some people put up lightning rods for protection.

①　　　　②　　　　③　　　　④　　　　⑤

STORY LINK

번개 맞을 확률은 얼마나 되나요?

▶사람이 번개를 맞을 확률은 3,000분의 1이라고 하는데, 번개를 7번이나 맞고도 살아나서 기네스북에 오른 사람이 있어요. 바로 미국 버지니아 주에 살았던 로이 설리번이라는 공원 순찰대원이에요. 그는 벼락을 7번이나 맞고도 살아남아 '인간 피뢰침'이라는 별명을 얻었어요. 주변에서는 같이 있으면 벼락을 맞을지도 모른다는 두려움 때문에 그를 피하기도 했대요.

FACT CHECK 윗글의 내용과 일치하면 T(True), 그렇지 않으면 F(False)를 쓰시오.

(1) 피뢰침은 짧은 나무 막대기이다. _____

(2) 사람들은 피뢰침을 지붕 위에 높이 세운다. _____

(3) 피뢰침 전선은 땅속으로 이어진다. _____

(4) 번개가 피뢰침을 치면 사람이 다칠 수도 있다. _____

❶ Lightning flashes /across the sky.
번개는 번쩍인다 / 하늘을 가로질러

❷ It points down toward the earth.

❸ **If** the lightning hits a house or tree, it can start a fire.

❹ **If** it hits people, it can hurt them.

❺ These are long metal poles.

❻ People put them high on the roofs of their houses.

❼ A wire runs from the rod down into the ground.

❽ The lightning doesn't hit the house.

❾ It hits the rod instead.

❿ Lightning goes down the rod and the wire.

⓫ It ends up in the ground.

⓬ Lightning can't hurt anyone there.

⓭ Some people put up lightning rods for protection.

GRAMMAR TIP

조건의 접속사 if

if는 '(만약) ~한다면'이라는 뜻의 조건을 나타내는 접속 사로, if 뒤에는 「주어+동사」 가 와요.

• **If** you ask him, he will help you.

• You can get a chance **if** you change your mind.

WORDS

flash 동 번쩍이다
across 전 ~을 가로질러
point 동 향하다
toward 전 ~을 향하여, ~ 쪽으로
earth 명 땅
hit 동 치다
hurt 동 다치게 하다
metal 형 금속의
pole 명 막대기
wire 명 전선
rod 명 막대, 장대
ground 명 땅
instead 부 대신에
end up 끝나다
put up 설치하다
lightning rod 피뢰침
protection 명 보호
cf. **protect** 동 보호하다

GUESS & READ 동물들은 지진 전에 어떻게 행동할까요?

❶Can animals sense an earthquake? Yes, they can. ❷If your pets are acting in a(n) _____ way, it may be a sign of an earthquake. ❸In Italy, cats raced down the street in a group. ❹Then, an earthquake happened a few hours later.

❺(A) They even made loud noises, like big frogs. ❻That night, an earthquake struck the city.

❼(B) One day, his frogs jumped around more than ever.

❽(C) For another example, an American man kept little pet frogs.

❾Farm animals can also sense an earthquake. ❿Before an earthquake, they behave strangely. ⓫Dogs suddenly bark, horses run around in circles, and cows give less milk.

1 윗글의 빈칸에 들어갈 말로 가장 적절한 것은?

① normal ② smart ③ good

④ unusual ⑤ dangerous

2 윗글의 (A)~(C)를 글의 흐름에 알맞게 배열한 것은?

_____ - _____ - _____

STORY LINK

지진은 왜 일어나나요?

▶땅속에 있는 암석들 사이에는 일정한 힘이 작용하는데, 평소에는 이런 힘이 균형을 이루고 있어요. 하지만, 균형이 갑자기 깨지면 지층(암석이 층을 이루면서 쌓여 있는 것)이 휘어지거나 끊어져서 진동이 일어나요. 이 진동이 사방으로 전달되어 땅이 흔들리는 것이 바로 지진이에요.

SUMMARY MAP 빈칸에 알맞은 말을 윗글에서 찾아 쓰시오.

Some animals behave strangely before a(n) (1)_____.

↓

Cats can (2)_____ down the street in a group.	Frogs can (3)_____ around and make loud noises.

Dogs can (4)_____, horses can run around in circles, and cows can give (5)_____ milk.

READ CLOSELY

의미 단위로 끊어 읽고(/), 주어와 동사 에 표시해 봅시다.

지문 듣기

GRAMMAR TIP

조동사 can의 의문문과 대답

조동사 can이 쓰인 의문문은 「Can+주어+동사원형 ~?」의 형태로 쓰고 이에 대한 답은 「Yes, 주어+can.」 또는 「No, 주어+can't.」로 해요.

• **Can you help** me with my math homework?
  — Yes, I can. / No, I can't.

• **Can I borrow** your pen?
  — Yes, you can. / No, you can't.

❶ Can animals sense an earthquake? Yes, they can.

❷ If your pets are acting in a(n) _____ way, it may be a sign of an earthquake.

❸ In Italy, cats raced down the street in a group.

❹ Then, an earthquake happened a few hours later.

❺ They even made loud noises, like big frogs.

❻ That night, an earthquake struck the city.

❼ One day, his frogs jumped around more than ever.

❽ For another example, an American man kept little pet frogs.

❾ Farm animals can also sense an earthquake.

❿ Before an earthquake, they behave strangely.

⓫ Dogs suddenly bark, horses run around in circles, and cows give less milk.

WORDS

sense 동 감지하다

earthquake 명 지진

pet 명 애완동물 형 애완의

sign 명 징후, 조짐

race 동 급히 달리다, 경주하다

happen 동 일어나다

loud 형 (소리가) 큰, 시끄러운

noise 명 (시끄러운) 소리, 소음

strike 동 (재난 등이) 덮치다 (- struck - struck)

behave 동 행동하다

suddenly 부 갑자기

bark 동 짖다

less 형 더 적은[덜한]

cf. more 형 더 많은 [수[양]의

unusual 형 특이한, 흔치 않은

cf. usual 형 보통의, 흔한

GUESS & READ 건강을 위해 어떤 운동을 하나요?

❶ Do you want to keep fit? Regular exercise will keep you ____(a)____, thin, and healthy. **❷** But you have to do various activities. **❸** First, activities like running, swimming, and ____(b)____ make your body take in more oxygen than normal. **❹** When you do them, your breathing and heart rate go up. **❺** These activities strengthen your heart and help you lose ____(c)____. **❻** In contrast, you need power when you do jumping and weightlifting. **❼** So your muscles get bigger and your body gets stronger. **❽** These exercises ____(d)____ you burn fat. They will also make your bones stronger.

❾ Any activity is ____(e)____ than doing nothing. **❿** However, doing a mix of activities has the greatest benefit. **⓫** So do many different activities. It is best for your health.

1 윗글의 빈칸 (a)~(e)에 들어갈 말이 바르게 짝지어지지 않은 것은?

① (a) – strong   ② (b) – walking   ③ (c) – weight
④ (d) – help   ⑤ (e) – worse

2 Complete the main idea with the words from the passage.

> Doing a(n) _____ of many different _____ is best for your
> health.

ORGANIZING MAP 빈칸에 알맞은 말을 윗글에서 찾아 쓰시오.

Activities	Benefits	
Running, Swimming, Walking	These activities strengthen your (1) _____.	These activities help you (2) _____ weight.
Jumping, Weightlifting	Your (3) _____ get bigger and your body gets stronger.	They help you (4) _____ fat.

지문 듣기

❶ Do you want to keep fit? Regular exercise will keep you _____, thin, and healthy.

❷ But you have to do various activities.

❸ First, activities like running, swimming, and _____ make your body take in more oxygen than normal.

❹ When you do them, your breathing and heart rate go up.

❺ These activities strengthen your heart and help you lose _____.

❻ In contrast, you need power when you do jumping and weightlifting.

❼ So your muscles get bigger and your body gets stronger.

❽ These exercises _____ you burn fat. They will also make your bones stronger.

❾ Any activity is _____ than doing nothing.

❿ However, doing a mix of activities has the greatest benefit.

⓫ So do many different activities. It is best for your health.

GRAMMAR TIP

동명사

동명사는 동사에 -ing가 붙어 명사가 된 것으로, 주어, 동사의 목적어, 전치사의 목적어, 보어 역할을 해요.

• **Traveling** to Africa is my plan this year. (주어)

• I enjoy **watching** horror movies. (목적어)

WORDS

fit 형 건강한
regular 형 규칙적인
exercise 명 운동 동 운동하다
healthy 형 건강한
various 형 다양한
activity 명 활동
take in (음식물 · 공기 등을) 흡수하다
oxygen 명 산소
breathing 명 호흡
heart rate 심장박동수
strengthen 동 튼튼하게 하다
cf. strength 명 힘
lose 동 줄다, 잃다
in contrast 반대로, 그에 반해서
weightlifting 명 역도
muscle 명 근육
burn 동 태우다, 연소시키다
fat 명 지방
bone 명 뼈
weight 명 무게, 체중

1 서로 의미가 비슷한 단어끼리 연결하시오.

(1) race (2) fit (3) various

ⓐ different ⓑ healthy ⓒ run ⓓ across

2 주어진 단어 카드를 보고 우리말 뜻에 해당하는 단어를 쓰시오.

(1) 번개 _____ (2) 금속의 _____

(3) 지진 _____ (4) 근육 _____

(5) 특이한 _____ (6) (재난 등이) 덮치다 _____

muscle strike metal unusual

lightning burn earthquake

3 우리말 뜻에 해당하는 단어를 찾아 동그라미하고 빈칸에 알맞은 철자를 쓰시오.

r	p	e	z	i	q	d	o
w	e	i	g	h	t	x	g
n	s	g	y	m	c	t	b
z	b	y	u	u	j	w	e
h	v	k	f	l	a	s	h
i	n	s	t	e	a	d	a
s	e	n	s	e	w	r	v
r	f	v	a	x	l	u	e

(1) 번쩍이다 f ◯ a ◯ h

(2) 무게, 체중 w ◯ ig ◯ t

(3) 대신에 i ◯ st ◯ a ◯

(4) 행동하다 b ◯ hav ◯

(5) 규칙적인 re ◯ u ◯ ar

(6) 감지하다 s ◯ n ◯ e

4 괄호 안에서 어법에 맞는 것을 고르시오.

(1) (Travel / Traveling) to Africa is my plan this year.

(2) (Do / Can) you help me with my math homework? – Yes, I can.

(3) You need power when you do (to jumping / jumping).

(4) (If / That) the lightning hits a house or tree, it can start a fire.

5 밑줄 친 부분을 어법에 맞게 고치시오.

(1) Can I use your computer? – No, you can.　　　→ _____

(2) Any activity is better than do nothing.　　　→ _____

(3) Can animals sense an earthquake? – Yes, they do.　→ _____

(4) You can get a chance if change you your mind.　→ _____

내신 잡는 서술형

6 주어진 우리말을 다음 조건 에 맞게 영작하시오.

(1) 그 버스를 놓친다면, 너는 지각할 것이다.

> 조건
> ⓐ 현재시제로 나타낼 것　　　ⓑ if를 포함하여 5단어로 쓸 것

→ _____, you will be late.

(2) 채소를 먹는 것은 너의 건강에 좋다.

> 조건
> ⓐ 동명사를 주어로 쓸 것　　　ⓑ be good for를 포함하여 7단어로 쓸 것

→ _____

Play Time

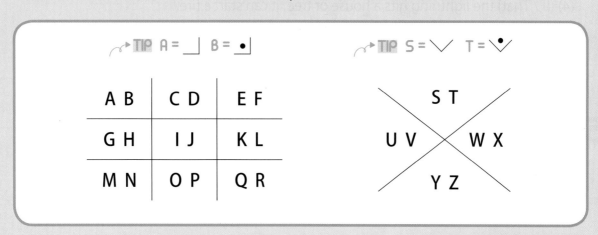

In this code, the first letter is the shape around it, and the second letter is the shape with a dot in it.

TIP A = ⌐ B = •

A B | C D | E F
G H | I J | K L
M N | O P | Q R

TIP S = ∨ T = ∨̇

S T
U V   W X
Y Z

Crack these codes with the given hints.

1 _____

2 _____

3 _____

4 _____

GUESS & READ 오리는 점원을 어떻게 놀렸을까요?

❶A smart duck walks into a supermarket, goes up to the clerk, and asks, "HEY! Do you have any duck food?" ❷The clerk looks at the duck and answers, "No, we don't have any duck food. Now go away!" ❸The next day, the duck returns to the supermarket and asks, "HEY! Do you have any duck food?" ❹The clerk is angry now. He says, "No! We sell people food here. ❺If you come and ask that one more time, I'm going to nail your flippers to the floor!" ❻The third day, the duck goes into the store again and asks, "HEY! _____" ❼The clerk says, "No. Why?" ❽Then the duck asks, "Do you have any duck food?"

* flippers 물갈퀴

1 윗글의 빈칸에 들어갈 말로 가장 적절한 것은?

① Are you a clerk here?
② Do you have any nails?
③ How much is the duck food?
④ Do you have any people food?
⑤ Give me some duck food, please.

2 윗글에서 점원이 마지막에 느꼈을 심정으로 가장 적절한 것은?

① 외롭다　　　② 기쁘다　　　③ 만족스럽다
④ 지루하다　　　⑤ 황당하다

FACT CHECK 윗글의 내용과 일치하면 T(True), 그렇지 않으면 F(False)를 쓰시오.

(1) 오리는 슈퍼마켓 점원에게 오리 먹이를 파는지 물었다. _____
(2) 슈퍼마켓에서는 사람이 먹는 음식을 팔지 않았다. _____
(3) 슈퍼마켓 점원은 오리의 물갈퀴에 못을 박았다. _____
(4) 슈퍼마켓에서는 못을 팔지 않았다. _____

STORY LINK

세계에서 제일 유명한 오리, 도널드 덕(Donald Duck)

▶ '도널드 덕'은 미국의 만화 영화 제작자인 월트 디즈니가 만든 오리 캐릭터예요. 또 다른 캐릭터인 미키 마우스의 친구이고, 주황색 부리와 하얀색 몸에 보통 세일러복과 선원들이 쓰는 모자를 쓰고, 붉은색 나비넥타이를 매고 있지요. 이 수다쟁이 오리는 월트 디즈니의 단골 도넛 가게 주인의 이름을 땄다고 해요.

지문 듣기

❶ A smart duck walks into / a supermarket, / goes up to the clerk, / and asks, / "HEY! // Do you have / any duck food?"

한 영리한 오리가 걸어 들어간다 / 슈퍼마켓으로 / 점원에게 다가간다 / 그리고 묻는다 / 이봐요 // 당신은 가지고

있어요 / 오리 먹이를

❷ The clerk looks at the duck and answers, "No, we don't have any duck food. Now go away!"

_____

_____

❸ The next day, the duck returns to the supermarket and asks, "HEY! Do you have any duck food?"

_____

_____

❹ The clerk is angry now. He says, "No! We sell people food here.

_____

❺ If you come and ask that one more time, I'm going to nail your flippers to the floor!"

_____

_____

❻ The third day, the duck goes into the store again and asks, "HEY!
                                                                 "
_____

_____

❼ The clerk says, "No. Why?"

_____

❽ Then the duck asks, "Do you have any duck food?"

_____

GRAMMAR TIP

be going to+동사원형

be going to는 '~할 것이다, ~할 예정이다'라는 뜻으로, 미래의 계획을 나타내요. to 뒤에는 동사원형이 와요.

• I **am going to visit** my grandparents this weekend.

• He **is going to arrive** at the airport at 5.

WORDS

smart 형 영리한
cf. clever 형 영리한, 슬기로운
walk into ~으로 걸어 들어가다
go up to ~에게 다가가다
clerk 명 점원
any 형 얼마간의, 조금도
go away (사람·장소에서) 떠나가다
the next day 다음 날
return to ~에 돌아오다
angry 형 화가 난
sell 동 팔다
cf. buy 동 사다
one more time 한 번 더
nail 동 못으로 박다 명 못
floor 명 바닥
third 형 세 번째의
go into ~에 들어가다
store 명 가게, 상점

GUESS & READ 전기뱀장어는 전기를 어떻게 사용할까요?

❶ Imagine that you have electricity in your body. Would you feel it? ❷ ①It would shock you. You would feel shocks all the time. ❸ Interestingly, ②an electric eel has electricity in its body, but ③it never feels anything. ❹ ④This fish has something like a battery in it. ❺ That's how ⑤it can make and store electric power.

❻ Electric eels use their electricity for two purposes. ❼ They use electric power to hunt. ❽ They shock small water animals and capture them for food. ❾ Secondly, they use electricity when they travel. ❿ They usually live in dark places underwater. ⓫ Electricity allows them to find their way easily.

*eel 뱀장어

1 윗글의 밑줄 친 ①~⑤ 중 가리키는 대상이 나머지와 다른 하나는?

①   ②   ③   ④   ⑤

2 윗글의 내용과 일치하도록 빈칸에 알맞은 말을 쓰시오.

> Electric eels can make and store (1)_____ _____ because they have something like a(n) (2)_____ in them.

STORY LINK

전기를 만들어 내는 동물이 또 있나요?

▶ 전기가오리와 전기메기가 있어요. 전기가오리는 50~60볼트, 전기메기는 400~500볼트, 전기뱀장어는 650~850볼트 정도까지 전기를 낼 수 있다고 해요. 요즘은 전기뱀장어를 애완용으로 키우기도 하는데요. 잘못 관리해서 감전될 수도 있으니 조심해야겠죠?

SUMMARY MAP 빈칸에 알맞은 말을 윗글에서 찾아 쓰시오.

> Electric eels use their electricity for (1)_____ _____.

⬇

Hunting	**Traveling**
They (2)_____ small water animals and (3)_____ them for food.	Electricity allows them to find their way (4)_____.

지문 듣기

GRAMMAR TIP

빈도부사의 위치

always, sometimes, often, usually, never 등의 빈도를 나타내는 부사는 일반동사 앞, be동사나 조동사 뒤에 와요.

- I **usually** go to school by bus.
- He is **sometimes** late for school.

❶ Imagine that you have electricity in your body. Would you feel it?

❷ It would shock you. You would feel shocks all the time.

❸ Interestingly, an electric eel has electricity in its body, but it never feels anything.

❹ This fish has something like a battery in it.

❺ That's how it can make and store electric power.

❻ Electric eels use their electricity for two purposes.

❼ They use electric power to hunt.

❽ They shock small water animals and capture them for food.

❾ Secondly, they use electricity when they travel.

❿ They usually live in dark places underwater.

⓫ Electricity allows them to find their way easily.

WORDS

imagine 동 상상하다
electricity 명 전기, 전력
cf. **power** 명 힘, 권력, 전기
shock 동 충격을 주다, 감전시키다
명 충격
all the time 항상
cf. **always** 부 항상, 언제나
interestingly 부 흥미롭게도
cf. **interesting** 형 흥미로운
electric 형 전기의
store 동 저장하다 명 가게
purpose 명 목적
hunt 동 사냥하다
capture 동 사로잡다, 포획하다
travel 동 이동하다, 여행하다
underwater 부 물속에서
형 물속의
allow 동 ~하게 하다

GUESS & READ 마을 사람들은 왜 남자를 공격했을까요?

❶ A man took a trip to another village. ❷ People in the town came out of their houses to see him. ❸ He smiled at them instead of saying hello. ❹ However, the villagers frowned at him. ❺ (A) <u>The man was embarrassed</u>, but he gave them a big smile again. ❻ They then came closer to him and smiled like him. ❼ After a while, they started to attack him. ❽ Surprisingly, smiles meant hate and frowns meant friendship there!

❾ This story could happen to you as well. ❿ Are you going to visit a new place? ⓫ Then, you will see new body gestures there. ⓬ One of their gestures could have a different meaning to you.

1 Which is the best title for the passage?

① What to Do before Traveling
② A Funny Way to Greet Strangers
③ Smiling: A Good Way to Share Feelings
④ Why People Travel to New Places
⑤ Same Gestures but Different Meanings

2 윗글의 밑줄 친 (A)의 이유를 우리말로 쓰시오.

_____

STORY LINK

손가락 V 제스처, 다른 나라에서는 조심하세요.

▶우리나라에서는 사진을 찍을 때 흔히 손가락으로 V자 모양을 만드는데요. 영국이나 프랑스에서는 이 V 제스처를 할 때 조심해야 해요. 이 나라에서는 손등을 보이는 V 제스처가 상대를 조롱하는 의미가 되기 때문이에요.

ORGANIZING MAP 빈칸에 알맞은 말을 윗글에서 찾아 쓰시오.

	Meaning of Smiles	Meaning of Frowns
To the traveler	friendship	(1)
To the villagers	(2)	(3)

GRAMMAR (TIP)

give + 간접목적어 + 직접목적어

give 뒤에는 '~에게'를 뜻하는 간접목적어와 '…을'이라는 의미의 직접목적어가 순서대로 와요.

- My mom **gave** <u>me</u> <u>a birthday present</u>.
- The teacher **gave** <u>us</u> <u>a chance</u>.

cf. 두 목적어의 순서를 바꿀 때는 간접목적어 앞에 to를 써요.

- My mom **gave** <u>a book</u> <u>to me</u>.

❶ A man took a trip to another village.

❷ People in the town came out of their houses to see him.

❸ He smiled at them instead of saying hello.

❹ However, the villagers frowned at him.

❺ The man was embarrassed, but he gave them a big smile again. TIP

❻ They then came closer to him and smiled like him.

❼ After a while, they started to attack him.

❽ Surprisingly, smiles meant hate and frowns meant friendship there!

❾ This story could happen to you as well.

❿ Are you going to visit a new place?

⓫ Then, you will see new body gestures there.

⓬ One of their gestures could have a different meaning to you.

WORDS

take a trip 여행을 하다
another 형 또 하나의, 다른
village 명 마을
cf. **villager** 명 마을 사람
come out 나오다
instead of ~ 대신에
frown 동 찡그리다 명 찡그린 얼굴
embarrassed 형 당황한
after a while 잠시 후에
attack 동 공격하다 명 공격
cf. **defend** 동 방어하다
surprisingly 부 놀랍게도
mean 동 의미하다
cf. **meaning** 명 의미
hate 명 증오, 혐오 동 싫어하다
friendship 명 우정, 친목
happen 동 발생하다
as well 또한, 역시
gesture 명 제스처, 몸짓

REVIEW TIME

1 서로 의미가 비슷한 단어끼리 연결하시오.

(1) smart   (2) electricity   (3) all the time

ⓐ power   ⓑ always   ⓒ clever   ⓓ defend

2 주어진 단어 카드를 보고 우리말 뜻에 해당하는 단어를 쓰시오.

(1) 제스처, 몸짓 _____   (2) 점원 _____

(3) 당황한 _____   (4) 사로잡다 _____

(5) 세 번째의 _____   (6) 마을 _____

embarrassed	third	hate	capture

clerk   village   gesture

3 우리말 뜻에 해당하는 단어를 찾아 동그라미하고 빈칸에 알맞은 철자를 쓰시오.

r	b	v	e	y	f	y	f
l	t	a	l	l	o	w	r
n	o	w	c	u	o	p	o
a	w	h	s	m	r	t	w
i	m	a	g	i	n	e	n
l	x	a	t	t	a	c	k
s	p	u	r	p	o	s	e
g	n	d	z	i	u	a	q

(1) 찡그리다   fr w

(2) 못으로 박다   ai

(3) 상상하다   i a i e

(4) 공격하다   at a k

(5) 목적   p rp se

(6) ~하게 하다   a lo

4 괄호 안에서 어법에 맞는 것을 고르시오.

(1) I'm going (nail / to nail) your flippers to the floor!

(2) Amy (is sometimes / sometimes is) late for school.

(3) The man gave (them / to them) a big smile again.

(4) I (go always / always go) to school by bus.

5 어법상 어색한 부분을 찾아 밑줄을 긋고 바르게 고치시오.

(1) He is going to arriving at Seoul at 5.   → _____

(2) Mom gave me to a birthday present.   → _____

(3) I'm go to visit my grandparents this weekend.   → _____

(4) Electric eels live usually in dark places underwater. → _____

내신 잡는 서술형
6 우리말과 일치하도록 주어진 단어를 배열하여 문장을 완성하시오.

(1) 그들은 항상 정오에 점심을 먹는다. (eat, at noon, always, lunch)

→ They _____.

(2) William은 그녀에게 생일 선물을 주었다. (gave, a birthday gift, her)

→ William _____.

Play Time

바른답·알찬풀이 | **p. 10**

Match the shapes to make nine ovals.

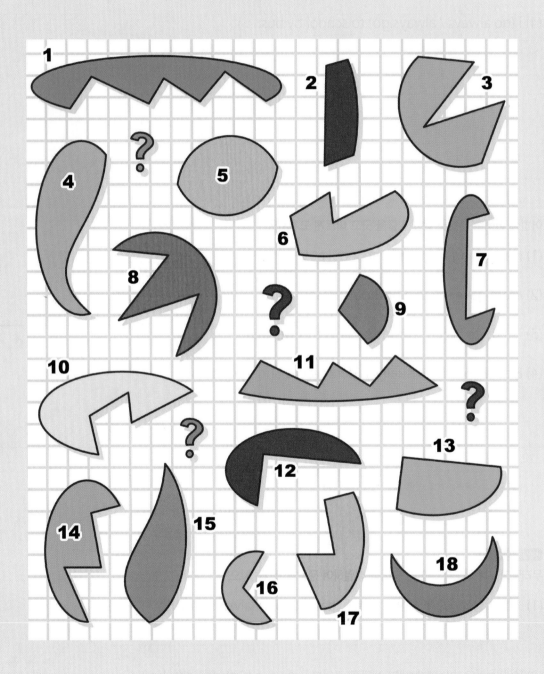

Reading 10 | Language | 별걸 다 줄이는 줄임말의 매력

Pre-check

- [ ] expression
- [ ] mean
- [ ] text
- [ ] a lot
- [ ] space
- [ ] letter
- [ ] symbol
- [ ] single
- [ ] whole
- [ ] careful
- [ ] informal
- [ ] situation

Reading 11 | Culture | 중국의 새해맞이

Pre-check

- [ ] celebrate
- [ ] dinner
- [ ] paint
- [ ] cover
- [ ] tablecloth
- [ ] happiness
- [ ] noodle
- [ ] wealth
- [ ] growth
- [ ] lucky
- [ ] give out
- [ ] envelope

Reading 12 | History | 커피콩의 발견

Pre-check

- [ ] awake
- [ ] noisy
- [ ] decide
- [ ] taste
- [ ] soft
- [ ] part
- [ ] center
- [ ] understand
- [ ] problem
- [ ] plant
- [ ] bean
- [ ] discover

GUESS & READ 친구와 채팅할 때 주로 어떤 줄임말을 쓰나요?

❶ *2moro. GR8. J/K.* Are you familiar with these short expressions? ❷ What do they mean? They mean *tomorrow, great*, and *just kidding*. ❸ People love to use them when they're texting with their mobile phones. ❹ They are easy to type, so people use them a lot. ❺ These short expressions need little space and time. ❻ For all short expressions, people use letters, numbers, or symbols. ❼ A single letter or number sometimes expresses a whole word. ❽ _____, "Y" is used for "why" and "2" for "to." ❾ But you should be careful. ❿ Don't use these expressions in your school papers. ⓫ Use them in informal situations only.

1 윗글의 빈칸에 들어갈 말로 가장 적절한 것은?

① So   ② Instead of   ③ Next
④ Finally   ⑤ For example

2 줄임말에 대한 윗글의 내용과 일치하지 <u>않는</u> 것은?

① '2moro'는 'tomorrow'를 나타낸다.
② 휴대전화로 메시지를 주고받을 때 많이 사용한다.
③ 많은 공간과 시간을 필요로 한다.
④ 문자, 숫자, 혹은 기호가 사용된다.
⑤ 비공식적인 상황에서만 사용해야 한다.

STORY LINK

알아두면 유용한 줄임말

- 2u = to you
- 4evr = forever
- atm = at the moment
- B4 = before
- U = you
- U2 = you too
- Ur = your

SUMMARY MAP 빈칸에 알맞은 말을 윗글에서 찾아 쓰시오.

Short Expressions	
When	People love to use them when they're (1)_____.
Why	They are (2)_____ to type and they need (3)_____ space and time.
What	People use letters, numbers, or (4)_____.

의미 단위로 끊어 읽고(/), 주어와 동사에 표시해 봅시다.

지문 듣기

❶ *2moro. GR8. J/K.* // Are you familiar with / these short expressions?

2moro. GR8. J/K. // 당신은 익숙한가 / 이러한 줄임말들에

❷ What do they mean? They mean *tomorrow*, *great*, and *just kidding*.

❸ People love to use them when they're texting with their mobile phones.

❹ They are easy to type, so people use them a lot.

TIP

❺ These short expressions need little space and time.

❻ For all short expressions, people use letters, numbers, or symbols.

❼ A single letter or number sometimes expresses a whole word.

❽ _____, "Y" is used for "why" and "2" for "to."

❾ But you should be careful.

❿ Don't use these expressions in your school papers.

⓫ Use them in informal situations only.

TIP GRAMMAR

형용사를 수식하는 to부정사의 부사적 용법

to부정사는 앞에 형용사를 수식하여 '~하기에 …한'이라는 뜻을 나타내요.

• The mountain is difficult **to climb**.
• This river is dangerous **to swim** in.

WORDS

be familiar with ~에 익숙하다
expression 명 표현
cf. express 동 표현하다, 나타내다
mean 동 의미하다
kid 동 농담하다
text 동 (휴대전화로) 문자를 보내다
mobile phone 휴대전화
type 동 타자기를 치다, 입력하다
a lot 많이
space 명 공간, 자리
letter 명 철자, 글자
symbol 명 기호
single 형 단 하나의
whole 형 전체의
be used for ~에 사용되다
careful 형 조심하는
informal 형 비공식적인, 사적인
cf. formal 형 공식적인
situation 명 상황

GUESS & READ 새해 첫 날을 어떻게 기념하나요?

❶Chinese people celebrate the New Year with a nice dinner. ❷They paint the dinner table red or cover the table with a red tablecloth. ❸Chinese people like the color red because it means happiness to them. ❹They set the table with different kinds of foods. ❺They eat noodles together for long life. ❻Oranges mean wealth, so they eat oranges, too. ❼They also put flowers on the table because they mean new growth after the long winter. ❽Parents give their children lucky money. ❾When parents give out money, they put it in a red envelope. ❿There are some gold letters on the envelope. ⓫Gold letters mean "good luck."

1 윗글에서 알맞은 단어를 찾아 글의 주제를 완성하시오.

how Chinese people _____ the New Year

2 다음 그림에서 윗글의 내용과 일치하지 <u>않는</u> 것은?

ORGANIZING MAP 빈칸에 알맞은 말을 윗글에서 찾아 쓰시오.

Chinese New Year	the color red: (1) _____
	noodles: (2) _____
	oranges: (3) _____
	flowers: (4) _____
	gold letters: (5) _____

STORY LINK

태국의 새해맞이 풍습

▶태국에서는 불교식 달력으로 새해 첫날인 4월 13일에 '송크란'이라는 새해 명절을 보내요. 이날 태국인들은 지난 해 있었던 안 좋은 일들을 씻어낸다는 의미로 목욕이나 빨래, 물청소 등을 한다고 해요. 명절부터 3일 동안 '송크란 페스티벌'이라는 물 축제도 열리는데, 부처님의 축복을 기원하는 의미로 서로에게 물을 뿌린답니다.

READ CLOSELY
의미 단위로 끊어 읽고(/), 주어와 동사에 표시해 봅시다.

❶ Chinese people celebrate the New Year with a nice dinner.

❷ They paint the dinner table red or cover the table with a red tablecloth.

❸ Chinese people like the color red because it means happiness to them.

❹ They set the table with different kinds of foods.

❺ They eat noodles together for long life.

❻ Oranges mean wealth, so they eat oranges, too.

❼ They also put flowers on the table because they mean new growth after the long winter.

❽ Parents give their children lucky money.

❾ When parents give out money, they put it in a red envelope.

❿ There are some gold letters on the envelope.

⓫ Gold letters mean "good luck."

GRAMMAR TIP

이유를 나타내는 접속사 because

because는 '~하기 때문에' 라는 뜻의 이유를 나타내는 접속사로, 뒤에 「주어＋동사」 가 와요.

- **Because** it was cold, I put on my coat.
- I walked slowly **because** my legs hurt.

WORDS

Chinese 형 중국의, 중국 사람의
celebrate 동 축하하다
dinner 명 만찬
paint 동 칠하다
cover 동 덮다
tablecloth 명 식탁보
happiness 명 행복
set the table 식탁을 차리다
noodle 명 면, 국수
long life 장수
wealth 명 부, 부유함
growth 명 성장, 증가
lucky 형 행운의
give out 나누어 주다
envelope 명 봉투

GUESS & READ 염소들이 먹은 열매는 무엇이었을까요?

❶ Kaldi was tired, but he couldn't sleep. ❷ His goats were awake and very noisy. ❸ 'Why can't they sleep?' Kaldi thought.

(A) ❹ Kaldi decided to taste the fruit. ❺ He ate the soft part of each fruit and the hard thing in the center.

(B) ❻ After a minute, he began to feel different. ❼ He was not tired. ❽ He felt more awake and did not want to sleep.

(C) ❾ He couldn't understand the problem, so he watched the animals carefully. ❿ They were eating some green plants with little red fruit on them.

⓫ Those hard things were coffee beans, and Kaldi discovered them in Ethiopia more than 1,000 years ago.

1 Which is the best title for the passage?
① Where Coffee Beans Grow
② How Coffee Was Discovered
③ Why We Watch Animals Carefully
④ How Coffee Influences People
⑤ How We Keep Goats Awake

2 윗글의 (A)~(C)를 글의 흐름에 알맞게 배열한 것은?
① (A) − (B) − (C)   ② (B) − (A) − (C)   ③ (B) − (C) − (A)
④ (C) − (A) − (B)   ⑤ (C) − (B) − (A)

STORY LINK

우리나라에서 **최초로 커피를 마신 사람은?**

▶바로 고종황제예요. 고종황제가 러시아 공사관에 머물 때 처음으로 커피를 맛보았다는 이야기가 전해져요. 서양에서 들어온 국이라고 해서 '양탕국'이라고 불렸다고 해요.

FACT CHECK 윗글의 내용과 일치하면 T(True), 그렇지 않으면 F(False)를 쓰시오.

(1) Kaldi의 염소들은 잠을 너무 많이 잤다. _____

(2) 열매 가운데에 부드러운 부분이 있었다. _____

(3) Kaldi는 열매를 먹고 나서 피곤한 느낌이 들지 않았다. _____

(4) 커피콩이 발견된 것은 1,000년 이상 전이다. _____

지문 듣기

① Kaldi was tired, but he couldn't sleep.

② His goats were awake and very noisy.

③ 'Why can't they sleep?' Kaldi thought.

④ Kaldi decided to taste the fruit.

⑤ He ate the soft part of each fruit and the hard thing in the center.

⑥ After a minute, he began to feel different.

⑦ He was not tired.

⑧ He felt more awake and did not want to sleep.

⑨ He couldn't understand the problem, so he watched the animals carefully.

⑩ They were eating some green plants with little red fruit on them.

⑪ Those hard things were coffee beans, and Kaldi discovered them in Ethiopia more than 1,000 years ago.

TIP
GRAMMAR

decide+to-v

decide는 '~하기로 결정하다, 결심하다'라는 뜻의 동사로 to부정사를 목적어로 써요.

- He **decided to become** a magician.
- We **decided to have** a party for Anne.

WORDS

awake 형 깨어 있는
cf. asleep 형 잠이 든
noisy 형 시끄러운
cf. quiet 형 조용한
decide 동 결심하다
taste 동 맛보다
fruit 명 열매, 과일
soft 형 부드러운
part 명 부분
hard 형 딱딱한
center 명 중심, 가운데
minute 명 (시간 단위의) 분
tired 형 피곤한
understand 동 이해하다
problem 명 문제
watch 동 관찰하다
carefully 부 주의 깊게
plant 명 식물
bean 명 콩
discover 동 발견하다
cf. discovery 명 발견

1 서로 의미가 반대인 단어끼리 연결하시오.

(1) asleep   (2) hard   (3) noisy

ⓐ whole   ⓑ awake   ⓒ soft   ⓓ quiet

2 주어진 단어 카드를 보고 우리말 뜻에 해당하는 단어를 쓰시오.

(1) 축하하다 _____   (2) 상황 _____

(3) 봉투 _____   (4) 문제 _____

(5) 표현 _____   (6) 발견하다 _____

situation   envelope   decide   celebrate

discover   expression   problem

3 우리말 뜻에 해당하는 단어를 찾아 동그라미하고 빈칸에 알맞은 철자를 쓰시오.

s	y	m	b	o	l	p	n
o	h	x	c	y	f	t	o
b	w	e	a	l	t	h	o
e	p	q	r	k	a	v	d
v	l	s	e	y	s	r	l
a	a	c	f	g	t	i	e
r	n	q	u	n	e	w	m
l	t	w	l	u	j	d	z

(1) 면, 국수   n ☐ ☐ dl ☐

(2) 조심하는   c ☐ re ☐ ul

(3) 부유함, 부   w ☐ al ☐ h

(4) 맛보다   t ☐ s ☐ e

(5) 기호   s ☐ mbo ☐

(6) 식물   ☐ lan ☐

4 괄호 안에서 어법에 맞는 것을 고르시오.

(1) I put on my coat (because / so) it was cold.

(2) He decided (becoming / to become) a magician.

(3) Short expressions are easy (typing / to type).

(4) Chinese people like the color red because (means / it means) happiness
to them.

5 밑줄 친 부분을 어법에 맞게 고치시오.

(1) The mountain is difficult <u>climb</u>. → _____

(2) His music is good <u>listen to</u>. → _____

(3) We decided <u>having</u> a party for Anne. → _____

(4) She walked slowly <u>because of</u> her legs hurt. → _____

6 내신 잡는 서술형

주어진 우리말을 다음 조건 에 맞게 영작하시오.

(1) 이 질문은 답하기가 어렵다.

조건

ⓐ 형용사 difficult를 사용할 것   ⓑ to부정사를 포함하여 4단어로 쓸 것

→ This question _____.

(2) 나는 매일 영어를 공부하기로 결심했다.

조건

ⓐ 과거시제로 나타낼 것   ⓑ decide를 포함하여 5단어로 쓸 것

→ _____ every day.

Play Time

Each letter in the code matches the letter before it.

TIP B = a

A	B	C	D	E	F	G	H	I	J	K	L	M
z	a	b	c	d	e	f	g	h	i	j	k	l

N	O	P	Q	R	S	T	U	V	W	X	Y	Z
m	n	o	p	q	r	s	t	u	v	w	x	y

TIP N = m

Crack these codes with the given hints.

1 TQBDF _____

2 DPWFS _____

3 JOGPSNBM _____

4 FOWFMPQF _____

GUESS & READ 전학을 간 후에 Ben은 어떤 기분이었을까요?

❶Ben transferred to a new school last year. ❷Everything was new to him. ❸At that time, he was a shy boy and he wasn't ____(a)____ at making friends. ❹In a gym class, one of his classmates, Jack, asked him to join the basketball team. ❺Ben loved playing basketball, but he didn't play on a team. ❻He played ____(b)____. After thinking, he decided to join the team.

❼Ben's decision changed his school life. ❽Now he has good communication skills as well as a ____(c)____ body. ❾He is growing taller and bigger. He is even the captain of the team. ❿The coach knows that he ____(d)____ the team well. ⓫He was ____(e)____, but he isn't anymore. ⓬Sports gave him confidence.

1 윗글의 빈칸 (a)~(e)에 들어갈 말이 바르게 짝지어지지 <u>않은</u> 것은?

① (a) – good
② (b) – alone
③ (c) – healthy
④ (d) – leads
⑤ (e) – confident

2 윗글에 나온 Ben의 심경 변화로 가장 적절한 것은?

① happy → kind
② sorry → comfortable
③ shy → confident
④ pleased → bored
⑤ jealous → sad

STORY LINK

전학을 갔을 때 어떻게 하면 잘 적응할 수 있을까요?

▶새로운 학교로 전학을 가면 친구들을 어떻게 사귈지가 가장 큰 관심사일 거예요. 친구들에게 미소를 지으며 눈인사를 하거나, 먼저 가벼운 인사말을 건네면서 자연스럽게 다가가면 어떨까요? 그런 다음에 서로 좋아하는 관심사를 찾아보세요. 처음에는 낯설고 어색하겠지만 시간이 지나면 다른 친구들과도 익숙해지고 자연스러운 관계가 될 거예요.

FACT CHECK Ben에 관해 윗글의 내용과 일치하면 T(True), 그렇지 않으면 F(False)를 쓰시오.

(1) 작년에 새로운 학교로 전학을 갔다. _____

(2) 친구인 Jack에게 농구팀에 가입할 것을 권유했다. _____

(3) 농구팀의 주장이 되었다. _____

(4) 농구를 하면서 좌절감을 느꼈다. _____

READ CLOSELY

의미 단위로 끊어 읽고(/), 주어와 동사에 표시해 봅시다.

❶ Ben transferred / to a new school / last year.

Ben은 전학을 갔다 / 새로운 학교로 / 작년에

❷ Everything was new to him.

❸ At that time, he was a shy boy and he wasn't _____ at making friends.

❹ In a gym class, one of his classmates, Jack, asked him to join the basketball team.

❺ Ben loved playing basketball, but he didn't play on a team.

❻ He played _____. After thinking, he decided to join the team.

❼ Ben's decision changed his school life.

❽ Now he has good communication skills as well as a _____ body. ↗ TIP

❾ He is growing taller and bigger. He is even the captain of the team.

❿ The coach knows that he _____ the team well.

⓫ He was _____, but he isn't anymore.

⓬ Sports gave him confidence.

WORDS

transfer 동 전학가다, 이동하다
at that time 그 당시에
shy 형 수줍음이 많은
cf. confident 형 자신감 있는
be good at ~을 잘하다
make friends 친구를 사귀다
gym class 체육 수업
classmate 명 반 친구, 급우
join 동 가입하다
decision 명 결심, 결정
communication 명 의사소통
skill 명 기술, 능력
captain 명 (스포츠 팀의) 주장
coach 명 코치
confidence 명 자신감
alone 부 혼자서
lead 동 이끌다
cf. follow 동 따르다

GUESS & READ 코이 물고기는 어떤 특별함을 갖고 있을까요?

❶Koi fish are a kind of carp. ❷The fish grow differently in size according to their environment. Isn't it interesting? ❸If you put them in a small fish bowl, they only grow up to five centimeters. ❹On the other hand, if you put them in a large lake, they can grow up to one meter. ❺Koi fish give us a lesson. That is to say, we shouldn't limit our ability. ❻"I can't" is like a small bowl. ❼If you keep saying "I can't do this. I can't do that," you are limiting your ability. ❽Instead, say "I can do that." Then you are not limiting your ability. ❾And your ability will grow bigger like the koi fish in the lake.

* carp 잉어

1 다음 중 윗글의 내용을 바르게 이해한 사람은 누구인가?

① 수아: 코이 물고기를 위해서 환경을 보호해야 해.
② 수민: 코이 물고기는 바다에서만 살 수 있어.
③ 규진: 환경에 따라 코이 물고기의 크기가 달라질 수 있어.
④ 미미: 먹이를 잘 주면 코이 물고기가 1미터까지 커질 수 있어.
⑤ 은송: 코이 물고기를 키우려면 작은 어항을 사야 해.

2 다음 영영풀이에 해당하는 단어를 윗글에서 찾아 쓰시오.

the physical or mental power to do something

→ _____

SUMMARY MAP 빈칸에 들어갈 말을 윗글에서 찾아 알맞은 형태로 쓰시오.

A (1) _____ from koi fish: Don't limit your ability.

The fish only grow a little in a small bowl.	➡	Saying "I can't" (2) _____ your ability.
The fish (3) _____ much bigger in a large lake.	➡	Your (4) _____ grows bigger if you say "I can."

지문 듣기

❶ Koi fish are a kind of carp.

❷ The fish grow differently in size according to their environment. Isn't it interesting?

❸ If you put them in a small fish bowl, they only grow up to five centimeters.

❹ On the other hand, if you put them in a large lake, they can grow up to one meter.

❺ Koi fish give us a lesson. That is to say, we shouldn't limit our ability.

❻ "I can't" is like a small bowl.

❼ If you keep saying "I can't do this. I can't do that," you are limiting your ability.

❽ Instead, say "I can do that." Then you are not limiting your ability.
TIP

❾ And your ability will grow bigger like the koi fish in the lake.

GRAMMAR TIP

현재진행형의 부정문

현재진행형의 부정문은 be동사 뒤에 not을 넣어 「be동사의 현재형＋not＋동사원형-ing」의 형태로, '~하고 있지 않다'라는 뜻을 나타내요.

• He is free. He's **not working** at the moment.

• I'm **not doing** anything.

WORDS

kind 명 종류, 유형
cf. type 명 종류, 유형
grow 동 자라다, 커지다
differently 부 다르게
according to ~에 따라서
environment 명 환경
interesting 형 흥미로운
fish bowl 어항
only 부 단지, 겨우
up to ~까지
on the other hand 반면에
lake 명 호수
lesson 명 교훈
that is to say 말하자면
limit 동 제한하다
cf. free 동 자유롭게 하다
ability 명 능력
cf. able 형 할 수 있는
instead 부 대신에

READING

15

박쥐 마녀로 변장하려면 어떤 옷을 입어야 할까요?

❶ A batty witch looks like a bat and it is one of the classic Halloween characters. ❷ A batty witch costume is easy to make. ❸ Most items for this costume are probably right in your closet! ❹ Start with a black shirt and a black skirt. ❺ Then add colorful tights and a black scarf. ❻ You can wear your own style of "ruby slippers." ❼ You may put on red sneakers! ❽ And then add some costume jewelry. ❾ Put a piece of black cloth around your shoulders like a cape. ❿ Finally, make a black witch's hat. ⓫ You can put feathers and black bat shapes on the hat. ⓬ Now, why don't you invite your friends over and have a Halloween party?

* ruby slippers 영화 〈오즈의 마법사〉 속 마법 신발

1 Which is the subject of the passage?
① what a batty witch looks like
② why a bat symbolizes a witch
③ how to have a Halloween party
④ how to make a batty witch costume
⑤ what is the best Halloween character

STORY LINK

핼러윈 축제는 어떻게 생겨났나요?

▶기원전 500년경 아일랜드 켈트족의 사원(사탄) 축제에서 유래했어요. 켈트족은 사람이 죽으면 영혼이 1년 동안 다른 사람의 몸속에 들어가 있는다고 믿었어요. 그래서 한 해의 마지막 날인 10월 31일(켈트족의 새해 첫날은 11월 1일)에 죽은 영혼이 집안에 들어오지 못하도록 사람들이 귀신 복장을 하고 집안을 차갑게 만들었는데 이것이 핼러윈의 시작이에요. 이 풍습은 아일랜드인들이 미국으로 이주하면서 미국과 전 세계에 퍼지게 되었어요.

2 다음 질문에 대한 답을 윗글에서 찾아 영어로 쓰시오.

Q: What color is mainly used for a batty witch costume?
A: _____

ORGANIZING MAP 빈칸에 알맞은 말을 윗글에서 찾아 쓰시오.

A Batty Witch Costume for Halloween

clothes	a black shirt, a black (1) _____
accessories	(2) _____ tights, a black scarf
shoes	(3) _____ sneakers
hat	a black witch's hat with (4) _____ and black bat shapes

지문 듣기

❶ A batty witch looks like a bat and it is one of the classic Halloween characters.

_____

_____

❷ A batty witch costume is easy to make.

_____

❸ Most items for this costume are probably right in your closet!

_____

❹ Start with a black shirt and a black skirt.

_____

❺ Then add colorful tights and a black scarf.

_____

❻ You can wear your own style of "ruby slippers."

_____

❼ You may put on red sneakers!

_____

❽ And then add some costume jewelry.

_____

❾ Put a piece of black cloth around your shoulders like a cape.

_____

❿ Finally, make a black witch's hat.

_____

⓫ You can put feathers and black bat shapes on the hat.

_____

⓬ Now, why don't you invite your friends over and have a Halloween party?

_____

GRAMMAR TIP

명령문

명령문은 '~하라'라는 뜻으로 상대방에게 어떤 행위를 명령하거나 지시할 때 쓰는 문장이에요. 동사원형으로 문장이 시작해요.

· **Go** straight home after school.

· **Be** careful with the knife.

WORDS

batty 형 박쥐처럼 보이는

witch 명 마녀

look like ~처럼 보이다

classic 형 고전적인

character 명 캐릭터, 등장인물

costume 명 복장, 의상

probably 부 아마도

closet 명 옷장, 벽장

add 동 추가하다, 더하다

colorful 형 화려한, 색채가 풍부한

tights 명 타이츠

wear 동 입다, 신다

slippers 명 슬리퍼, 신발

put on ~을 입다

cf. **take off** ~을 벗다

sneakers 명 스니커즈(운동화)

costume jewelry 의상용 장신구

cloth 명 천

cape 명 망토

feather 명 깃털

shape 명 모양

invite ~ over ~을 집으로 초대하다

have a party 파티를 열다

1 서로 의미가 반대인 단어끼리 연결하시오.

(1) shy   (2) lead   (3) limit

ⓐ follow   ⓑ free   ⓒ classic   ⓓ confident

2 주어진 단어 카드를 보고 우리말 뜻에 해당하는 단어를 쓰시오.

(1) 반 친구 _____

(2) 자신감 _____

(3) 전학가다 _____

(4) 화려한 _____

(5) 아마도 _____

(6) 환경 _____

probably   confidence   environment   colorful

classmate   ability   transfer

3 우리말 뜻에 해당하는 단어를 찾아 동그라미하고 빈칸에 알맞은 철자를 쓰시오.

f	d	s	h	a	p	e	h
e	a	b	i	l	i	t	y
a	b	l	e	s	s	o	n
t	k	z	l	t	a	u	f
h	r	a	g	j	r	z	c
e	a	z	p	r	q	f	p
r	c	w	i	t	c	h	y
c	a	p	t	a	i	n	n

(1) 교훈   l _ s _ o _

(2) 능력   ab _ lit _

(3) 마녀   _ it _ h

(4) 모양   s _ a _ e

(5) (스포츠 팀의) 주장   ca _ ta _ n

(6) 깃털   f _ _ t _ er

4 괄호 안에서 어법에 맞는 것을 고르시오.

(1) (Be / Are) careful with the knife.

(2) (Start / To start) with a black shirt and a black skirt.

(3) Say "I can do that." Then you (are not / do not) limiting your ability.

(4) He has good communication skills as (good / well) as a healthy body.

5 어법상 어색한 부분을 찾아 밑줄을 긋고 바르게 고치시오.

(1) She's doing not anything. → _____

(2) I have a brother as well than a sister. → _____

(3) He is free. He's not work at the moment. → _____

(4) Then adding colorful tights and a black scarf. → _____

6 내신 잡는 서술형

우리말과 일치하도록 주어진 단어를 배열하여 문장을 완성하시오.

(1) Julia는 중국어뿐만 아니라 한국어도 한다. (Chinese, speaks, as well as, Korean)

→ Julia _____ .

(2) 나는 거짓말을 하고 있는 게 아니에요. (telling a lie, am, I, not)

→ _____

Play Time

바른답·알찬풀이 | p. 16

Fill in A ~ I with one of the pictures in the box.
The same picture CANNOT appear twice in one line.

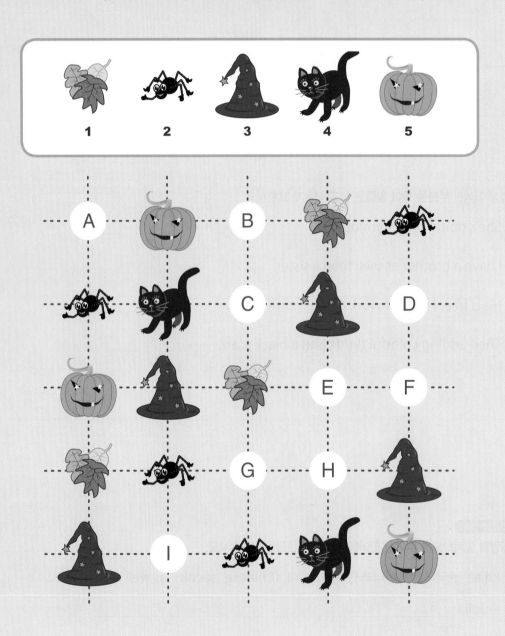

흰개미는 어떤 특성을 가지고 있을까요?

❶ Termites are little insects. ❷ They are often called white ants. ❸ They are almost as small as ants. ❹ They are not large, but _____. ❺ White ants love to eat wood, paper, and clothes. ❻ They are known as "silent destroyers." ❼ They can secretly hide in a home and cause damage to furniture, floors, and walls.

❽ White ants live in nests just like ants do. ❾ Each nest has a queen, many workers, and many soldiers. ❿ The young queens have wings for a short time. ⓫ They use them only once. ⓬ They fly to mate and find a new home. ⓭ After they move in, they remove their wings and never fly again.

1 윗글의 빈칸에 들어갈 말로 가장 적절한 것은?

① they can do a lot of harm
② they are easy to find
③ they are good fighters
④ they can move fast
⑤ they make their nests in a day

2 윗글의 제목으로 가장 적절한 것은?

① The Different Varieties of Ants
② The Harm White Ants Cause
③ Information about Termites
④ The Smallest Insect in the World
⑤ The Difference between Ants and White Ants

STORY LINK

흰개미에 대한 재미있는 사실

▶1. 사회성 곤충
흰개미는 집단 생활을 하는 사회성 곤충입니다. 집단을 떠나서 단독으로는 생활을 할 수 없어요.

2. 몸무게
세상에 있는 모든 흰개미의 몸무게를 합하면 세계 총 인구 수의 무게보다 더 많다고 해요.

3. 쉬지 않고 먹는 먹보
흰개미는 1년 내내, 하루 종일 먹을 수 있어요.

FACT CHECK 윗글의 내용과 일치하면 T(True), 그렇지 않으면 F(False)를 쓰시오.

(1) 흰개미는 개미보다 크기가 훨씬 작다. _____
(2) 흰개미는 집에 몰래 숨어들어서 피해를 입힌다. _____
(3) 개미집마다 여러 마리의 여왕개미가 있다. _____
(4) 여왕개미는 날개를 한 번만 사용한다. _____

지문 듣기

❶ Termites are / little insects.
흰개미는 ~이다 / 작은 곤충

❷ They are often called white ants.

❸ They are almost as small as ants.

❹ They are not large, but _____.

❺ White ants love to eat wood, paper, and clothes.

❻ They are known as "silent destroyers."

❼ They can secretly hide in a home and cause damage to furniture, floors, and walls.

❽ White ants live in nests just like ants do.

❾ Each nest has a queen, many workers, and many soldiers.

❿ The young queens have wings for a short time.

⓫ They use them only once.

⓬ They fly to mate and find a new home.

⓭ After they move in, they remove their wings and never fly again.

GRAMMAR TIP

원급 비교

원급 비교는 「as+형용사[부사]의 원급+as」의 형태이며 '~만큼 …한[하게]'라는 뜻이에요.

- Their house is **as big as** ours.
- The little girl runs **as fast as** me.

WORDS

insect 명 곤충
be called ~로 불리다
almost 부 거의
be known as ~로 알려지다
silent 형 조용한, 침묵의
cf. noisy 형 시끄러운, 소란스러운
destroyer 명 파괴자
secretly 부 몰래, 숨어서
hide 동 숨다, 숨어들다
damage 명 피해
furniture 명 가구
nest 명 (곤충·작은 동물의) 집, (새의) 둥지
worker 명 일꾼
soldier 명 병사, 군인
wing 명 날개
once 부 한 번
mate 동 짝짓기하다
remove 동 없애다, 제거하다
again 부 다시
do harm 해를 끼치다

GUESS & READ 신체를 이용해서 어떤 소리를 낼 수 있나요?

① People get big bellies because of eating fatty foods. **②** Some people think big bellies are _____(a)_____ , but a man uses his brilliantly. **③** Peter has a really big belly. **④** One day, he got a great idea. **⑤** He started to use his belly like a drum. **⑥** He beats his belly with his hands, and he makes music! **⑦** It sounds very similar to a real drum. **⑧** When he uploaded a video on the Internet, a lot of people loved it. **⑨** The video made him a _____(b)_____ . **⑩** Now, he is well-known around the world as the human drum.

1 윗글의 빈칸 (a), (b)에 들어갈 말이 바르게 짝지어진 것은?

① healthy – human   ② useless – human

③ healthy – star   ④ useless – star

⑤ unhealthy – fatty

2 윗글의 내용과 일치하도록 다음 질문에 대한 답을 완성하시오.

> **Q:** Why do people get big bellies?
>
> **A:** It's because they eat _____.

ORGANIZING MAP 빈칸에 들어갈 말을 윗글에서 찾아 쓰시오.

I used my big (1)_____ like a drum.
I beat my belly with my hands, and I made (2)_____.
It sounded very (3)_____ to a real drum.
I (4)_____ a video on the Internet.
People loved it, and I became known, as the (5)_____ drum.

READ CLOSELY

의미 단위로 끊어 읽고(/), 주어와 동사 에 표시해 봅시다.

지문 듣기

❶ People get big bellies because of eating fatty foods.
_{TIP}

_____

❷ Some people think big bellies are _____ , but a man uses his brilliantly.

_____

_____

❸ Peter has a really big belly.

_____

❹ One day, he got a great idea.

_____

❺ He started to use his belly like a drum.

_____

❻ He beats his belly with his hands, and he makes music!

_____

❼ It sounds very similar to a real drum.

_____

❽ When he uploaded a video on the Internet, a lot of people loved it.

_____

❾ The video made him a _____ .

_____

❿ Now, he is well-known around the world as the human drum.

_____

GRAMMAR TIP

because of+명사(구)

because of는 '~ 때문에'라는 뜻으로, 뒤에 명사(구)가 와요.

• There was a car accident **because of** the fog.
• I couldn't sleep **because of** the noise.

WORDS

belly 명 배
fatty 형 지방이 많은
brilliantly 부 훌륭히, 뛰어나게
idea 명 생각, 아이디어
beat 동 두드리다
sound 동 소리가 나다 명 소리
similar 형 비슷한
cf. be similar to ~와 비슷하다
real 형 진짜의
upload 동 업로드하다, 전송하다
a lot of 많은
well-known 형 유명한, 잘 알려진
around the world 전 세계에서
human 형 인간의 명 인간
useless 형 쓸모없는
cf. useful 형 유용한

GUESS & READ 기후 변화를 막기 위해 우리가 할 수 있는 일은 무엇일까요?

❶ Greta Thunberg is Swedish teenager. ❷ When she was eight, she learned about climate change at school. ❸ She was shocked. She thought that adults didn't take it seriously. ❹ She became depressed. She didn't eat, go to school, and speak for months. ❺ When she was 15, she got a good idea. ❻ She decided to fight for the climate. ❼ She went on a school strike. ❽ Then she shared her idea through social networks. ❾ Her message was simple, "Adults don't care about my future, so I will go on strike from school." ❿ Shortly after, teenagers around the world followed her. ⓫ They joined her school strike for climate protest. ⓬ Now, every Friday, Greta and her followers strike from school. ⓭ Students in 150 countries are following her.

1 What is the best word to describe Greta Thunberg?

① friendly　　　　② negative　　　　③ active

④ shy　　　　　　⑤ honest

2 Greta Thunberg가 등교 거부를 한 이유로 가장 적절한 것은?

① 여행을 가기 위해서　　　　② 온라인 게임을 하기 위해서

③ 날씨가 좋지 않아서　　　　④ 날씨 변화를 측정하고 싶어서

⑤ 기후 변화 문제를 알리기 위해서

STORY LINK

Greta Thunberg(그레타 툰베리)

▶Greta는 2019년에 16살의 나이로 UN에서 열린 기후 행동 정상회의에 연설가로 참여했어요. 이후 미국의 시사주간 타임지(Time)에서 '2019년 올해의 인물'로 선정되었지요. 환경 파괴와 기후 변화 대응에 소극적인 어른들에게 반항하는 의미에서 환경 운동을 시작했다고 해요.

SUMMARY MAP 빈칸에 알맞은 말을 윗글에서 찾아 쓰시오.

Greta Thunberg was shocked when she learned about (1)_____ _____.	⟹	She decided to fight for the climate and went on a(n) (2)_____ _____.
Now, many students (4)_____ _____ her school strike.	⟸	She (3)_____ her idea through social networks.

지문 듣기

❶ Greta Thunberg is Swedish teenager.

❷ When she was eight, she learned about climate change at school.

❸ She was shocked. She thought that adults didn't take it seriously.

❹ She became depressed. She didn't eat, go to school, and speak for months.

❺ When she was 15, she got a good idea.

❻ She decided to fight for the climate.

❼ She went on a school strike.

❽ Then she shared her idea through social networks.

❾ Her message was simple, "Adults don't care about my future, so I will go on strike from school."

❿ Shortly after, teenagers around the world followed her.

⓫ They joined her school strike for climate protest.

⓬ Now, every Friday, Greta and her followers strike from school.

⓭ Students in 150 countries are following her.

GRAMMAR TIP

감정형용사

감정을 나타내는 동사 뒤에 -ing나 -ed를 붙이면 주어의 상태나 상황을 나타내는 형용사로 쓸 수 있어요. -ing는 주어가 감정을 유발할 때, -ed는 주어가 감정을 당할 때 써요.

• My job is **boring**.
  I am **bored** with my job.

• This game is **interesting**.
  I am **interested** in this game.

WORDS

Swedish 형 스웨덴의 명 스웨덴 사람, 스웨덴어

teenager 명 십대

climate 명 기후

change 명 변화

shocked 형 충격을 받은

adult 명 성인, 어른

seriously 부 심각하게

cf. take (it) seriously 심각하게 여기다

depressed 형 우울한

fight for ～을 위해 싸우다

strike 명 파업 동 파업하다

share 동 함께 나누다

through 전 ～을 통해

simple 형 간단한

care about ～에 관심을 가지다

future 명 미래

cf. past 명 과거

follow 동 따르다

protest 명 시위, 항의

REVIEW TIME

1 서로 의미가 반대인 단어끼리 연결하시오.

(1) silent　　　　(2) useless　　　　(3) future

ⓐ useful　　　ⓑ once　　　ⓒ noisy　　　ⓓ past

2 주어진 단어 카드를 보고 우리말 뜻에 해당하는 단어를 쓰시오.

(1) 지방이 많은 _____　　(2) 없애다, 제거하다 _____

(3) 성인, 어른 _____　　(4) 우울한 _____

(5) 병사, 군인 _____　　(6) 짝짓기하다 _____

remove	silent	adult	mate

soldier	fatty	depressed

3 우리말 뜻에 해당하는 단어를 찾아 동그라미하고 빈칸에 알맞은 철자를 쓰시오.

s	e	o	j	y	d	u	n
t	c	l	i	m	a	t	e
r	v	f	n	y	m	d	t
i	k	w	s	c	a	l	w
k	q	b	e	g	g	x	m
e	a	x	c	r	e	h	x
b	e	a	t	q	a	y	i
u	p	l	o	a	d	s	p

(1) 기후　　　　c　i　at

(2) 곤충　　　　i　se　t

(3) 업로드하다, 전송하다　u　lo　d

(4) 피해　　　　d　ma　e

(5) 두드리다　　　ea

(6) 파업; 파업하다　s　ri　e

4 괄호 안에서 어법에 맞는 것을 고르시오.

(1) This game is (interesting / interested).

(2) White ants are almost as (small / smaller) as ants.

(3) There was a car accident (because / because of) the fog.

(4) When she learned about climate change, she was (shocking / shocked).

5 밑줄 친 부분을 어법에 맞게 고치시오.

(1) I am <u>bore</u> with my job. → _____

(2) Their house is as <u>biggest</u> as ours. → _____

(3) She became <u>depress</u> and she didn't go to school. → _____

(4) People get big bellies because of <u>eat</u> fatty foods. → _____

6 내신 잡는 서술형
주어진 우리말을 다음 조건 에 맞게 영작하시오.

(1) Tom은 그의 아버지만큼 힘이 세다.

> ┌ 조건 ─
> ⓐ 현재시제로 나타낼 것   ⓑ 원급 비교를 이용하여 6단어로 쓸 것

→ Tom _____ .

(2) 많은 사람들이 그 게임에 흥분했다.

> ┌ 조건 ─
> ⓐ 과거시제로 나타낼 것   ⓑ excite, about을 이용하여 5단어로 쓸 것

→ Many people _____ .

Play Time

Find the correct shadow for each picture.

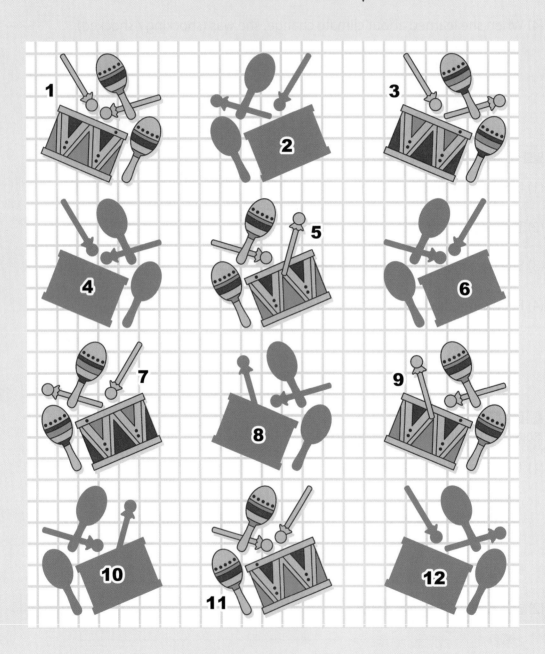

GUESS & READ 알고 있는 동물의 신기한 점은 무엇인가요?

❶ Many animals have interesting and fun facts. ❷ Here are five ____(a)____ things about animals.

1) ❸ Bats always turn left when they fly out of their home at night.

2) ❹ Elephants can't jump. ❺ That's because they have shorter leg muscles than other animals.

3) ❻ An archerfish uses its mouth like a water gun. ❼ It shoots water at an insect. ❽ The insect falls, and the fish eats it.

4) ❾ Mosquitoes are ____(b)____ insects because they bite us. ❿ But do you know that only females bite?

5) ⓫ Like humans, koalas and gorillas have fingerprints. ⓬ Their fingerprints are very similar to our fingerprints.

* archerfish 물총고기

1 윗글의 빈칸 (a), (b)에 들어갈 말이 바르게 짝지어진 것은?

① difficult – harmful　　　② great – funny

③ surprising – useful　　　④ amazing – dangerous

⑤ strong – helpful

2 윗글에서 알맞은 단어를 찾아 글의 제목을 완성하시오.

> Interesting and _____ _____ about _____

FACT CHECK 윗글의 내용과 일치하면 T(True), 그렇지 않으면 F(False)를 쓰시오.

(1) Bats turn left when flying out of their home. _____

(2) Elephants can't jump high because they are big. _____

(3) Archerfish use their mouth to shoot water at insects. _____

(4) Mosquitoes aren't dangerous because they never bite people. _____

(5) Koalas and gorillas have fingerprints like humans. _____

❶ Many animals have / interesting / and fun facts.
많은 동물들이 가지고 있다 / 흥미로운 / 그리고 재미있는 사실들을

❷ Here are five _____ things about animals.

❸ Bats always turn left when they fly out of their home at night.

❹ Elephants can't jump.

❺ That's because they have shorter leg muscles than other animals. TIP

❻ An archerfish uses its mouth like a water gun.

❼ It shoots water at an insect.

❽ The insect falls, and the fish eats it.

❾ Mosquitoes are _____ insects because they bite us.

❿ But do you know that only females bite?

⓫ Like humans, koalas and gorillas have fingerprints.

⓬ Their fingerprints are very similar to our fingerprints.

GRAMMAR TIP

형용사[부사]의 비교급+than+비교 대상

(둘 중에서) '~보다 더 …한[하게]'의 뜻을 나타내요.

• Tim is **taller than** Ian.

• She has **more** books **than** I have.

WORDS

interesting 형 흥미로운
fact 명 사실
bat 명 박쥐
turn 동 돌다
at night 밤에
muscle 명 근육
mouth 명 입
gun 명 총
shoot 동 쏘다
insect 명 벌레
fall 동 떨어지다
mosquito 명 모기
bite 동 물다
female 명 암컷 형 암컷의
cf. male 명 수컷 형 수컷의
fingerprint 명 지문
amazing 형 놀라운
dangerous 형 위험한
cf. safe 형 안전한
be similar to ~와 비슷하다

GUESS & READ 경찰관이 강도를 어떻게 찾았을까요?

①One night, a burglar alarm went off at a store in England. **②**The store sold clothes for men. **③**A police officer came to search the store. (①) **④**He didn't find anything, so he got ready to leave. **⑤**From the outside, he looked back at the store's large window. (②) **⑥**Mannequins in new clothes were standing in the window. **⑦**They looked real, but one wasn't real. (③) **⑧**Suddenly, the police officer saw something strange. **⑨**<u>He turned on his flashlight.</u> (④) **⑩**He looked at the faces in the window. **⑪**At that moment, one pair of eyes blinked at him! (⑤)

*mannequin 마네킹 **blink 깜빡거리다

1 윗글의 ①~⑤ 중 주어진 문장이 들어가기에 가장 적절한 곳은?

⑫Yes, he had the burglar.

① ② ③ ④ ⑤

2 윗글에서 경찰관이 밑줄 친 부분과 같이 행동한 이유로 가장 적절한 것은?
① 도난 경보기를 끄려고
② 물건을 찾으려고
③ 진열창을 열기 위해서
④ 마네킹을 살펴보려고
⑤ 출구를 찾기 위해서

SUMMARY MAP 빈칸에 알맞은 말을 윗글에서 찾아 쓰시오.

A police officer came to a store when a burglar alarm (1)_____ _____ there.	➡	But he didn't find anything. Before he left, he (2)_____ _____ at the store's window.

⬇

He (4)_____ _____ his flashlight and he knew he had the burglar.	⬅	Then, he looked at the mannequins in the window and saw something (3)_____.

지문 듣기

❶ One night, a burglar alarm went off at a store in England.

❷ The store sold clothes for men.

❸ A police officer came to search the store.

❹ He didn't find anything, so he got ready to leave.

❺ From the outside, he looked back at the store's large window.

❻ Mannequins in new clothes were standing in the window.

❼ They looked real, but one wasn't real.

❽ Suddenly, the police officer saw something strange. → TIP

❾ He turned on his flashlight.

❿ He looked at the faces in the window.

⓫ At that moment, one pair of eyes blinked at him!

⓬ Yes, he had the burglar.

GRAMMAR TIP

-thing+형용사

anything, something, nothing, everything과 같이 -thing으로 끝나는 대명사는 형용사가 뒤에서 수식해요.

• I'd like to drink **something cold**.

• My life was **nothing special** before I met you.

WORDS

burglar 명 강도, 도둑

alarm 명 경보

go off (경보기가) 울리다

store 명 가게, 상점

sell 동 팔다

clothes 명 옷

search 동 수색하다

find 동 찾다, 발견하다

get ready 준비를 하다

leave 동 떠나다

outside 명 밖[바깥]

look back at ~을 되돌아보다

real 형 진짜의

strange 형 이상한

turn on (불을) 켜다

cf. turn off (불을) 끄다

flashlight 명 손전등

pair 명 (한) 쌍

GUESS & READ 몸에 좋은 치즈, 어떤 효능이 있을까요?

❶People started eating cheese more than 4,000 years ago. ❷It's healthy food because of its nutrients. ❸Cheese is made ____(a)____ milk and is very rich in calcium and vitamin B. ❹Therefore, it helps form bones and keeps them strong. ❺Some people may think there is too much fat in cheese. ❻However, that's not true. ❼There are many different healthy nutrients in cheese. ❽It is full ____(b)____ proteins and minerals. ❾Cheese is also good ____(c)____ dental care. ❿It keeps your teeth healthy. ⓫Do you want to keep your teeth and bones healthy? ⓬Have cheese in your diet.

1 What is the main idea of the passage?

① Cheese has a long history.

② There is too much fat in cheese.

③ Cheese provides all kinds of vitamins.

④ Cheese makes your teeth and bones healthy.

⑤ Children should have more cheese than adults.

STORY LINK

집에서 치즈 만들기

1. 먼저 400ml의 우유를 준비한 뒤, 냄비에 그 중 200~300ml 정도만 넣어요.
2. 냄비에 플레인 요거트를 100ml 넣어요.
3. 소금을 티스푼으로 1개 반에서 2개 넣어요.
4. 잘 섞어서 불에 올리고 천천히 저어 주세요.
5. 거품이 뽀글뽀글 올라오면 불을 줄여 끓이다가, 남은 우유를 넣고 계속 저어 주세요.
6. 덩어리가 많이 보이면서 거품이 많이 올라오면 불을 끄세요.
7. 광목 천에 따르고, 물을 짜 내세요.
8. 짜잔 ~! 광목 안에 남은 덩어리가 치즈예요.

---

2 빈칸 (a)~(c)에 알맞은 말을 〈보기〉에서 찾아 쓰시오.

(a) _____   (b) _____   (c) _____

> **보기**
>
> for   of   with   in   from   to

ORGANIZING MAP 빈칸에 알맞은 말을 윗글에서 찾아 쓰시오.

Cheese		
What it is	made from (1) _____	
	very (2) _____ in calcium and vitamin B	
	full of (3) _____ and minerals	
What it does	helps form (4) _____ and keeps them strong	
	keeps (5) _____ healthy	

지문 듣기

❶ People started eating cheese more than 4,000 years ago.

❷ It's healthy food because of its nutrients.

❸ Cheese is made _____ milk and is very rich in calcium and vitamin B.

❹ Therefore, it helps form bones and keeps them strong. ⤳TIP

❺ Some people may think there is too much fat in cheese.

❻ However, that's not true.

❼ There are many different healthy nutrients in cheese.

❽ It is full _____ proteins and minerals.

❾ Cheese is also good _____ dental care.

❿ It keeps your teeth healthy. ⤴TIP

⓫ Do you want to keep your teeth and bones healthy? ⤳TIP

⓬ Have cheese in your diet.

GRAMMAR TIP

keep+목적어+형용사

「keep+목적어+형용사」는 '~을 …하게 유지하다'라는 뜻으로, 목적어 뒤에 형용사가 오는 것에 주의해야 해요.

• You should **keep** *your room* **clean**.

• He **kept** *his coffee* **hot**.

WORDS

more than ~ 이상(의)

ago 부 ~ 전에

nutrient 명 영양소, 영양분

be made from ~로 만들어지다

be rich in ~이 풍부하다

calcium 명 칼슘

vitamin 명 비타민

therefore 부 그러므로

form 동 형성하다

bone 명 뼈

strong 형 튼튼한, 강한

cf. **weak** 형 허약한, 약한

fat 명 지방

true 형 사실인

be full of ~로 가득하다

protein 명 단백질

mineral 명 미네랄, 무기물

be good for ~에 좋다

dental 형 치아의

care 명 관리

diet 명 식사, 식단

REVIEW TIME

1 서로 의미가 반대인 단어끼리 연결하시오.

(1) dangerous (2) female (3) strong

ⓐ safe ⓑ real ⓒ weak ⓓ male

2 주어진 단어 카드를 보고 우리말 뜻에 해당하는 단어를 쓰시오.

(1) 경보 _____ (2) 영양소, 영양분 _____

(3) 놀라운 _____ (4) 물다 _____

(5) 이상한 _____ (6) 형성하다 _____

nutrient	form	alarm	mineral

amazing	bite	strange

3 우리말 뜻에 해당하는 단어를 찾아 동그라미하고 빈칸에 알맞은 철자를 쓰시오.

s	e	a	r	c	h	z	b
e	e	f	n	u	q	b	u
p	u	a	g	s	y	o	r
a	k	d	r	h	i	n	g
i	m	u	s	c	l	e	l
r	w	x	k	c	h	j	a
x	l	t	o	y	b	w	r
d	e	n	t	a	l	a	p

(1) 근육 m s l

(2) 수색하다 se rc

(3) 뼈 b e

(4) (한) 쌍 ai

(5) 치아의 d nt l

(6) 강도 b r la

4 괄호 안에서 어법에 맞는 것을 고르시오.

(1) Jamie is taller (to / than) Tim.

(2) Cheese keeps your teeth (healthy / healthily).

(3) The police officer saw (strange something / something strange).

(4) Elephants have (short / shorter) leg muscles than other animals.

5 어법상 어색한 부분을 찾아 밑줄을 긋고 바르게 고치시오.

(1) My life was special nothing. → _____

(2) She has many books than I have. → _____

(3) You should keep your room cleanly. → _____

(4) Do you have something greatly in your mind? → _____

6 내신 잡는 서술형

우리말과 일치하도록 주어진 단어를 배열하여 문장을 완성하시오.

(1) 나는 단것을 먹고 싶다. (want, I, sweet, to eat, something)

→ _____

(2) 이 코트는 나를 따뜻하게 유지시켜 준다. (warm, me, this coat, keeps)

→ _____

Play Time

Draw each picture without taking your pencil off the paper.

1

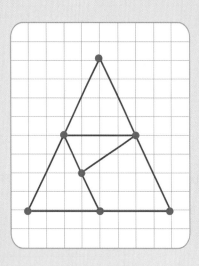
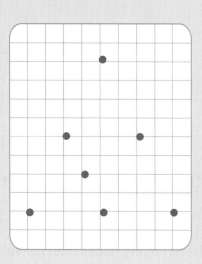

2

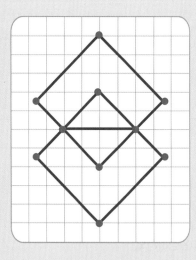
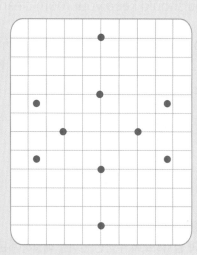

GUESS & READ 바이킹을 생각하면 무엇이 떠오르나요?

Q: ❶ Did Vikings wear helmets with horns?

A: Viking helmets didn't have horns. ❷ This common but wrong image of Vikings first appeared in the 19th century. ❸ We guess the helmet with horns image comes from Wagner's Operas in the 19th century.

Q: ❹ Did they use heads for cups?

A: People say Vikings used the heads of their enemies for drinking cups. ❺ ___(a)___, no data for this exists.

Q: ❻ Did they have no bath time?

A: Vikings were not dirty and wild. ❼ ___(b)___, they were very clean because they had a custom of bathing every Saturday.

Q: ❽ Are there Vikings living today?

A: The age of the Vikings ended in the 11th century, but we can feel their power now. ❾ A lot of their words, names, tools, and buildings are still around.

1 윗글의 빈칸 (a), (b)에 들어갈 말이 바르게 짝지어진 것은?

① However – So
② However – In fact
③ In fact – Therefore
④ However – For example
⑤ In fact – For example

2 윗글의 내용과 일치하도록 다음 질문에 대한 답을 완성하시오.

Q: How often did Vikings take a bath?
A: They _____.

FACT CHECK 윗글의 내용과 일치하면 T(True), 그렇지 않으면 F(False)를 쓰시오.

(1) Vikings drank from their dead enemies' heads. _____

(2) Vikings were wild people. _____

(3) Vikings' words, names, and buildings are still used. _____

STORY LINK

바이킹은 왜 해적이 되었나요?

▶지금의 스웨덴, 덴마크, 노르웨이가 있는 지역은 몹시 춥고 척박했어요. 그래서 사람들은 풍요로운 땅을 찾기 위해 바다로 나설 수밖에 없었어요. 바이킹은 전성기 때 유럽을 넘어 아시아와 아프리카까지 갔고, 콜럼버스보다 500년 먼저 아메리카에 도달했다고 해요.

❶ Did Vikings wear /helmets with horns? // Viking helmets didn't have / horns.

바이킹은 썼는가 / 뿔이 달린 헬멧을 // 바이킹 헬멧은 가지고 있지 않았다 / 뿔을

❷ This common but wrong image of Vikings first appeared in the 19th century.

❸ We guess the helmet with horns image comes from Wagner's Operas in the 19th century.

❹ Did they use heads for cups? People say Vikings used the heads of their enemies for drinking cups.

❺ _____, no data for this exists.

❻ Did they have no bath time? Vikings were not dirty and wild.

❼ _____, they were very clean because they had a custom of bathing every Saturday.
↳ TIP

❽ Are there Vikings living today? The age of the Vikings ended in the 11th century, but we can feel their power now.

❾ A lot of their words, names, tools, and buildings are still around.

GUESS & READ 바다 동물을 위협하는 것은 무엇일까요?

❶A photographer, Shane Gross, went sea diving with his friends. ❷While he was diving, he saw a big thing in the distance. ❸① He moved close to it and he was shocked. ❹It was a turtle's dead body. ❺② Turtles usually live much longer than humans. ❻The body had many fishing lines around it. ❼Shane took out his camera and took some pictures. ❽③ It was a warning for the future. ❾He then saw that a lot of plastic waste was floating around him, too.

❿④ Oceans are now struggling with plastic waste. ⓫The waste, like straws and bottles, is dangerous for sea animals. ⓬⑤ Fishing waste also matters. ⓭Sea animals can't see the fishing lines well. ⓮If the fishing lines trap them, they can't move at all and they just die.

1 윗글의 제목으로 가장 적절한 것은?

① Types of Sea Animals
② The Risks When Diving Alone
③ How to Take Pictures under Water
④ The Importance of Recycling Plastic
⑤ Sea Animals in Danger from Plastic Waste

2 윗글의 ①~⑤ 중 전체 흐름과 관계 없는 문장은?

①　　　　②　　　　③　　　　④　　　　⑤

SUMMARY MAP 빈칸에 알맞은 말을 윗글에서 찾아 쓰시오.

| A man found a turtle's (1)＿＿＿＿ ＿＿＿＿ while he was diving. |
| The body had many fishing lines (2)＿＿＿ it. |
| Later, he saw a lot of plastic waste was (3)＿＿＿ around him, too. |

↓

| Plastic waste and fishing waste are (4)＿＿＿ for sea animals. |

지문 듣기

❶ A photographer, Shane Gross, went sea diving with his friends.

_____

❷ While he was diving, he saw a big thing in the distance.

_____

❸ He moved close to it and he was shocked.

_____

❹ It was a turtle's dead body.

_____

❺ Turtles usually live much longer than humans.

_____

❻ The body had many fishing lines around it.

_____

❼ Shane took out his camera and took some pictures.

_____

❽ It was a warning for the future.

_____

❾ He then saw that a lot of plastic waste was floating around him, too.

_____

❿ Oceans are now struggling with plastic waste.

_____

⓫ The waste, like straws and bottles, is dangerous for sea animals.

_____

⓬ Fishing waste also matters.

_____

⓭ Sea animals can't see the fishing lines well.

_____

⓮ If the fishing lines trap them, they can't move at all and they just die.

_____

GRAMMAR TIP

콤마(,)로 나타내는 동격

두 명사(구)가 같은 대상을 가리킬 때 둘 사이에 콤마(,)를 넣어 동격임을 나타낼 수 있어요. 이때 콤마는 앞의 명사를 추가 설명하는 역할을 해요.

• **John, my nephew,** is good at speaking Korean.

• **Tom, a friend of mine,** joined our band.

WORDS

photographer 명 사진사
dive 동 잠수하다
distance 명 먼 곳, 거리
close to ~의 가까이에
turtle 명 거북
dead 형 죽은
cf. dead body 사체
fishing line 낚싯줄
around 전 주위에
take out 꺼내다
take pictures 사진을 찍다
warning 명 경고
future 명 미래
waste 명 쓰레기
float 동 떠다니다
struggle 동 몸부림치다
straw 명 빨대
bottle 명 병
dangerous 형 위험한
matter 동 문제되다, 중요하다
trap 동 가두다, 덫으로 잡다

GUESS & READ 봅슬레이는 어떤 스포츠일까요?

❶In 1964, Eugenio Monti, an Italian bobsledder, was in the Olympics. ❷The two best teams were Monti's Italian team and Tony Nash's British team. ❸The two teams met in the final. ❹After two runs, they were tied.

(A) ❺When Monti heard this, he took a bolt from his bobsled and sent it to the British team.

(B) ❻Then the Italians made their third run and it was the fastest of all. ❼The British team got ready for their third run, but suddenly a bolt on their bobsled broke.

(C) ❽The British team put it on their bobsled. ❾They went down fast and won. ❿The British got the gold medal, but everyone talked about Monti.

⓫They called him a great sportsman. ⓬He received the 1964 International Fair Play trophy.

1 윗글의 (A)~(C)를 글의 흐름에 알맞게 배열한 것은?

① (A) − (B) − (C)   ② (B) − (A) − (C)   ③ (B) − (C) − (A)
④ (C) − (A) − (B)   ⑤ (C) − (B) − (A)

2 Complete the main idea with the word from the passage.

> _____ play is more important than winning.

STORY LINK

봅슬레이의 역사

▶지구 북반구에 있는 나라들은 기후가 추워서 눈이나 얼음 위에서 썰매를 타는 것이 일반적인 놀이였는데요, 봅슬레이는 이 썰매 경기에서 유래했다고 해요. 봅슬레이에서 사용되는 원통형 기구는 두 개의 썰매를 연결한 뒤 앞쪽에 핸들을 추가하여 탔던 것에서 비롯되었어요.

ORGANIZING MAP 빈칸에 알맞은 말을 윗글에서 찾아 쓰시오.

배경	The bobsleigh final in the Olympics in 1964
사건	A(n) (1) _____ on the British team's bobsled broke.
해결	Eugenio Monti, a(n) (2) _____ bobsledder, sent a bolt from his bobsled to the British team.
결과	The British team (3) _____, but Monti (4) _____ the Fair Play trophy.

의미 단위로 끊어 읽고(/), 주어와 동사 에 표시해 봅시다.

지문 듣기

① In 1964, Eugenio Monti, an Italian bobsledder, was in the Olympics.

② The two best teams were Monti's team and Tony Nash's British team.

③ The two teams met in the final.

④ After two runs, they were tied.

⑤ When Monti heard this, he took a bolt from his bobsled and sent it to the British team.

⑥ Then the Italians made their third run and it was the fastest of all.

⑦ The British team got ready for their third run, but suddenly a bolt on their bobsled broke.

⑧ The British team put it on their bobsled.

⑨ They went down fast and won.

⑩ The British got the gold medal, but everyone talked about Monti.

⑪ They called him a great sportsman.

⑫ He received the 1964 International Fair Play trophy.

TIP

GRAMMAR

병렬구조를 나타내는 접속사

and, but, or과 같은 등위접속사는 단어와 단어, 구와 구, 절과 절을 동등하게 연결해 줘요.

• We visited Spain **and** France. 〈단어〉

• I like playing soccer, singing songs, **and** going to the zoo. 〈구〉

• He likes dogs, **but** I like cats. 〈절〉

WORDS

Italian 형 이탈리아의 명 이탈리아인

bobsledder 명 봅슬레이 선수

British 형 영국의 명 영국인

final 명 결승전

run 명 경기, 경주

tie 동 동점을 이루다, 비기다

bolt 명 볼트, 나사못

bobsled 명 봅슬레이

fast 형 빠른 부 빨리

cf. slow 형 느린 / slowly 부 느리게

get ready (for) (~을) 준비하다

suddenly 부 갑자기

break 동 부서지다, 고장나다
(-broke -broken)

win 동 이기다

cf. lose 동 지다

gold medal 금메달

everyone 대 모든 사람

receive 동 받다

international 형 국제적인

fair 형 공정한

trophy 명 트로피

REVIEW TIME

1 서로 의미가 반대인 단어끼리 연결하시오.

(1) appear   (2) fast   (3) win

ⓐ slow   ⓑ lose   ⓒ exist   ⓓ disappear

2 주어진 단어 카드를 보고 우리말 뜻에 해당하는 단어를 쓰시오.

(1) 갑자기 _____

(2) 몸부림치다 _____

(3) 문제되다 _____

(4) 가두다 _____

(5) 국제적인 _____

(6) 뿔 _____

horn   struggle   suddenly   guess

matter   trap   international

3 우리말 뜻에 해당하는 단어를 찾아 동그라미하고 빈칸에 알맞은 철자를 쓰시오.

f	w	a	r	n	i	n	g
f	l	o	a	t	y	v	g
z	s	c	o	m	m	o	n
w	x	u	e	r	h	r	v
a	t	s	l	d	m	u	q
s	w	t	i	y	c	q	w
t	r	o	p	h	y	b	p
e	j	m	k	x	n	o	a

(1) 쓰레기   w   st

(2) 흔한   c   m   on

(3) 경고   wa   ing

(4) 트로피   tr   p

(5) 관습   c   st   m

(6) 떠다니다   lo   t

4 괄호 안에서 어법에 맞는 것을 고르시오.

(1) I go hiking (all / every) weekend.

(2) Vikings had a custom of bathing every (Saturday / Saturdays).

(3) (John, my nephew / John and my nephew), is good at speaking Korean.

(4) Monti took a bolt from his bobsled and (sends / sent) it to the British team.

5 밑줄 친 부분을 어법에 맞게 고치시오.

(1) We visited Spain and in France.   → _____

(2) There is a school festival every years.   → _____

(3) I like playing soccer and sing songs.   → _____

(4) Monti a bobsledder, was in the Olympics. → _____

6 내신 잡는 서술형
주어진 우리말을 다음 조건에 맞게 영작하시오.

(1) 나는 금요일마다 축구를 한다.

> 조건
> ⓐ 현재시제로 나타낼 것
> ⓑ play soccer, every를 포함하여 5단어로 쓸 것

→ _____

(2) 너는 TV를 볼 거니, 아니면 책을 읽을 거니?

> 조건
> ⓐ will, watch TV, read a book 표현을 사용할 것
> ⓑ 병렬구조를 이용하여 8단어로 쓸 것

→ _____

Play Time

1 Remove three matchsticks to make three equal squares.

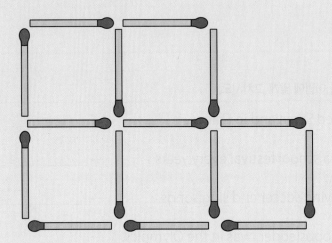

2 Move three matchsticks to make five equal triangles.

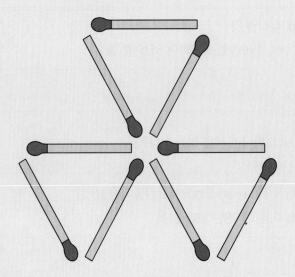

GUESS & READ Death Valley의 돌이 어떻게 움직일 수 있을까요?

❶In California's Death Valley, big stones move. (①) ❷No one touches them, but they move. Can you believe it? ❸These big stones vary in size. But some of them weigh 300 kilograms or more. (②) ❹The answer is the weather. ❺They move because of the rain, ice, sun, and wind. (③) ❻First, it has to rain in the valley. ❼The valley is known as one of the hottest places in the world, but it is very cold at night. (④) ❽The rain turns into ice at night. As the sun rises, the ice begins to melt. ❾Then the strong wind breaks up the ice. ❿The strong wind blows pieces of ice against the stones. (⑤) ⓫Those pieces push the stones. ⓬The stones leave a trail on the desert ground as they move.

1 윗글의 ①~⑤ 중 주어진 문장이 들어가기에 가장 적절한 곳은?

> ⓭What makes these stones move?

①   ②   ③   ④   ⑤

2 윗글의 주제로 가장 적절한 것은?
① 크기와 무게가 다양한 돌   ② 사막의 기후 변화
③ 세상에서 가장 더운 사막   ④ 사막의 움직이는 돌
⑤ 사막에서 일어나는 과학 현상

STORY LINK

코스타리카의 거대한 돌 구슬

▶중앙아메리카 남부에 있는 코스타리카에도 의문의 돌덩어리들이 있어요. 둥근 모양의 돌 구슬이 지금까지 300개 이상 발견되었는데요, 돌의 지름이 2cm에서 2m 이상까지 크기가 다양해요. 기원전 200년에서 서기 800년 사이에 생겨난 것으로 보인다는 전문가들의 추측도 있어요.

SUMMARY MAP 빈칸에 알맞은 말을 윗글에서 찾아 쓰시오.

The Moving Stones

The rain (1)_____ _____ ice at night. The ice begins to (2)_____ in the sun. ➡ The strong wind (3)_____ _____ the ice.

⬇

Those pieces (5)_____ the stones. ⬅ The wind blows pieces of ice (4)_____ the stones.

READ CLOSELY

의미 단위로 끊어 읽고(/), 주어와 동사에 표시해 봅시다.

지문 듣기

❶ In California's Death Valley, /big stones move.

캘리포니아의 Death Valley(죽음의 계곡)에서는 / 커다란 돌들이 움직인다

❷ No one touches them, but they move. Can you believe it?

❸ These big stones vary in size. But some of them weigh 300 kilograms or more.

❹ The answer is the weather.

❺ They move because of the rain, ice, sun, and wind.

❻ First, it has to rain in the valley.

❼ The valley is known as one of the hottest places in the world, but it is very cold at night.

❽ The rain turns into ice at night. As the sun rises, the ice begins to melt.

❾ Then the strong wind breaks up the ice.

❿ The strong wind blows pieces of ice against the stones.

⓫ Those pieces push the stones.

⓬ The stones leave a trail on the desert ground as they move.

⓭ What makes these stones move?

GRAMMAR TIP

접속사 as의 다양한 의미

접속사 as는 시간(~하는 동안, ~할 때)과 이유(~하기 때문에) 등 다양한 뜻을 나타내요.

- Can you turn off the TV **as** you go out? ⟨시간⟩
- She may need some help **as** she's new here. ⟨이유⟩

WORDS

valley 명 계곡, 골짜기
stone 명 돌
touch 동 만지다
believe 동 믿다
cf. trust 동 믿다, 신뢰하다
vary 동 (크기·모양이) 서로 다르다
cf. differ 동 다르다
weigh 동 (무게가) ~이다
answer 명 정답, 대답
weather 명 날씨
wind 명 바람
place 명 장소
at night 밤에
turn into ~으로 변하다
rise 동 뜨다, 오르다
melt 동 녹다
break up ~을 부수다
blow 동 불다, 불어 보내다
against 전 ~을 향해, ~에 부딪쳐
leave 동 남기다
trail 명 자국, 흔적
desert 명 사막
ground 명 땅

READING 26

GUESS & READ 죄수가 어떻게 탈옥할 수 있었을까요?

❶An English prison had to change every lock on every door. Why?
❷One prisoner had a good memory. ❸He memorized things exactly after he saw them for a second.

(A) ❹The guards rang the alarm when they knew of his escape. ❺The police started to look for the prisoner. ❻Not long after, they finally arrested him.

(B) ❼One night, he opened the door of his cell with a copied key. Then, he escaped.

(C) ❽One time he saw the guards' keys. ❾He memorized the shape and size of the keys. ❿He made copies of them from plastic mirrors. ⓫He went back to the same prison. ⓬So the prison had no choice but to change all the keys. ⓭Amazingly, he tried to escape 13 more times during his 36 years there.

1 윗글의 (A)~(C)를 글의 흐름에 알맞게 배열한 것은?

① (A) − (B) − (C) ② (B) − (A) − (C) ③ (B) − (C) − (A)
④ (C) − (A) − (B) ⑤ (C) − (B) − (A)

STORY LINK

전설적 탈옥수, 스티븐 러셀

▶스티븐 러셀은 기상천외한 수법으로 5년 동안 4번이나 탈옥에 성공한 사람입니다. 한 번은 미술 시간에 훔친 초록색 마커로 죄수복을 염색해서 의료 스텝인 것처럼 교도소 정문으로 당당하게 걸어 나갔다고 해요. 더욱 놀라운 것은 탈옥 후, 경력을 위조해서 기업에 임원으로 취업하고 변호사 행세를 하는 등 비상한 두뇌를 이용해 사기를 쳤다는 것이에요. 미국 법원은 그의 탈옥 시도와 사기 범죄에 대해 총 114년의 형량을 선고했다고 해요.

2 윗글에서 언급한 감옥이 모든 열쇠를 바꾼 이유를 우리말로 쓰시오.

_____

FACT CHECK 윗글의 내용과 일치하면 T(True), 그렇지 않으면 F(False)를 쓰시오.

(1) 죄수는 며칠 동안 열쇠들의 모양과 크기를 확인했다. _____
(2) 죄수는 플라스틱 거울로 열쇠 복사본을 만들었다. _____
(3) 교도관들은 죄수의 탈출을 알고 경보를 울렸다. _____
(4) 죄수는 총 36번의 탈옥 시도를 했다. _____

❶ An English prison had to change every lock on every door. Why?

❷ One prisoner had a good memory.

❸ He memorized things exactly after he saw them for a second.

❹ The guards rang the alarm when they knew of his escape.

❺ The police started to look for the prisoner.

❻ Not long after, they finally arrested him.

❼ One night, he opened the door of his cell with a copied key. Then, he escaped.

❽ One time he saw the guards' keys.

❾ He memorized the shape and size of the keys.

❿ He made copies of them from plastic mirrors.

⓫ He went back to the same prison.

⓬ So the prison had no choice but to change all the keys.

⓭ Amazingly, he tried to escape 13 more times during his 36 years there.

GRAMMAR TIP

during+특정한 기간

during은 '~ 동안에'라는 의미로, 뒤에 특정한 기간을 나타내는 말이 와요.

- Will you be home **during** the weekend?
- Nobody spoke **during** the class.

WORDS

prison 명 감옥
change 동 바꾸다
lock 명 자물쇠
prisoner 명 죄수
memory 명 기억력
memorize 동 기억하다
cf. remember 동 기억하다
exactly 부 정확히
for a second 잠시
guard 명 경비원
ring 동 (벨을) 울리다 (-rang-rung)
alarm 명 경보
escape 명 탈출 동 탈출하다
look for ~을 찾다
not long after 오래지 않아
arrest 동 체포하다
cell 명 감방
copy 동 복사하다 명 복사(본)
mirror 명 거울
shape 명 모양
same 형 같은
cf. different 형 다른
amazingly 부 놀랍게도

'죽은 자들의 날'하면 어떤 이미지가 떠오르나요?

❶ The movie *Coco* is about Mexico's Day of the Dead. **❷** Mexicans celebrate this holiday throughout the country. **❸** Family and friends gather together to remember the dead. **❹** In the movie, Miguel, a 12-year-old boy, had a great love for music. **❺** His family, however, never allowed ①<u>him</u> to play it. **❻** Then, ②<u>he</u> accidentally traveled to the land of the dead. **❼** Miguel met a man, Héctor, there. **❽** ③<u>He</u> was a musician, and surprisingly, he was Miguel's long lost great-great-grandfather. **❾** They were family, and both had a love for music. **❿** With the help of ④<u>his</u> loving family, Miguel could return to the real world. **⓫** After then, ⑤<u>he</u> realized the _____ of his family.

1 윗글의 밑줄 친 ①~⑤ 중 가리키는 대상이 나머지 넷과 다른 것은?

①   ②   ③   ④   ⑤

2 What is the best word for the blank?

① traveler   ② holiday   ③ music
④ importance   ⑤ return

STORY LINK

멕시코의 '죽은 자들의 날'

▶멕시코에서는 매년 11월 1일부터 2일까지를 '죽은 자들의 날'로 지정해서, 죽은 친지나 친구를 기억하며 명복을 비는 축제를 열어요. 이 날에는 설탕, 초콜릿 등의 음식과 사진을 제단에 놓습니다. 멕시코 사람들은 사랑하는 사람이 이승으로 돌아오는 반가운 날이라고 생각해서, 해골 분장을 하고 거리에서 춤추고 노래하며 축제처럼 즐긴답니다.

ORGANIZING MAP 빈칸에 알맞은 말을 윗글에서 찾아 쓰시오.

주인공	Miguel, a (1)_____ boy who loves music
갈등 요소	His family didn't (2)_____ him to play music.
전개	He went to the land of the (3)_____ and met Héctor, his great-great-grandfather.
갈등 해결	Miguel returned home and (4)_____ the importance of his family.

READ CLOSELY

의미 단위로 끊어 읽고(/), 주어와 동사에 표시해 봅시다.

지문 듣기

❶ The movie *Coco* is about Mexico's Day of **the Dead**.   TIP

❷ Mexicans celebrate this holiday throughout the country.

❸ Family and friends gather together to remember **the dead**.   TIP

❹ In the movie, Miguel, a 12-year-old boy, had a great love for music.

❺ His family, however, never allowed him to play it.

❻ Then, he accidentally traveled to the land of **the dead**.   TIP

❼ Miguel met a man, Héctor, there.

❽ He was a musician, and surprisingly, he was Miguel's long lost great-great-grandfather.

❾ They were family, and both had a love for music.

❿ With the help of his loving family, Miguel could return to the real world.

⓫ After then, he realized the _____ of his family.

WORDS

dead 형 죽은
Mexican 형 멕시코의 명 멕시코 사람
celebrate 동 기념하다, 축하하다
holiday 명 휴일, 축제일, 명절
throughout 전 ~의 도처에
gather 동 모이다
together 부 함께
remember 동 기억하다
cf. **forget** 동 잊다, 잊어버리다
allow 동 허락하다, 허용하다
accidentally 부 우연히
travel 동 여행하다, 이동하다
land 명 땅, 세계
musician 명 음악가
surprisingly 부 놀랍게도
long lost 오랫동안 연락이 끊긴
both 대 둘 다
return 동 돌아오다 명 귀환
real 형 진짜의, 실제의
realize 동 깨닫다, 알아차리다
importance 명 소중함, 중요성

1 서로 의미가 비슷한 단어끼리 연결하시오.

(1) believe   (2) vary   (3) memorize

ⓐ differ   ⓑ trust   ⓒ remember   ⓓ return

2 주어진 단어 카드를 보고 우리말 뜻에 해당하는 단어를 쓰시오.

(1) 탈출하다 _____   (2) (무게가) ~이다 _____

(3) 우연히 _____   (4) 허락하다, 허용하다 _____

(5) 기념하다, 축하하다 _____   (6) 깨닫다, 알아차리다 _____

escape   realize   weigh   trail

celebrate   allow   accidentally

3 우리말 뜻에 해당하는 단어를 찾아 동그라미하고 빈칸에 알맞은 철자를 쓰시오.

g	t	a	k	l	q	u	r
a	u	w	b	d	p	p	v
t	r	a	v	e	l	r	t
h	x	r	a	s	c	i	y
e	v	r	l	e	o	s	j
r	f	e	l	r	e	o	d
w	g	s	e	t	h	n	i
s	x	t	y	m	n	y	z

(1) 계곡, 골짜기   v ☐ ll ☐ ☐

(2) 체포하다   ar ☐ e ☐ t

(3) 사막   d ☐ se ☐ t

(4) 모이다   g ☐ t ☐ er

(5) 감옥   pr ☐ s ☐ n

(6) 여행하다   tr ☐ v ☐ l

4 괄호 안에서 어법에 맞는 것을 고르시오.

(1) This new school is for (a / the) blind.

(2) Nobody spoke (while / during) the class.

(3) (As / So) the sun rises, the ice begins to melt.

(4) She may need some help (as / when) she's new here.

5 어법상 어색한 부분을 찾아 밑줄을 긋고 바르게 고치시오.

(1) Can you turn off the TV as go out?　　　　　　→ _____

(2) They gather together to remember the death.　　→ _____

(3) The young is the hope of the country.　　　　　→ _____

(4) He tried to escape many times in his time in prison.　→ _____

6 내신 잡는 서술형
우리말과 일치하도록 주어진 단어를 배열하여 문장을 완성하시오.

(1) 우리는 노숙자들을 위해 모금을 했다. (collected, for, homeless, money, the)

　→ We _____.

(2) 많은 동물들이 겨울 동안 잠을 잔다. (the winter, animals, during, many, sleep)

　→ _____

Play Time

In each task, remove one matchstick to make it correct.

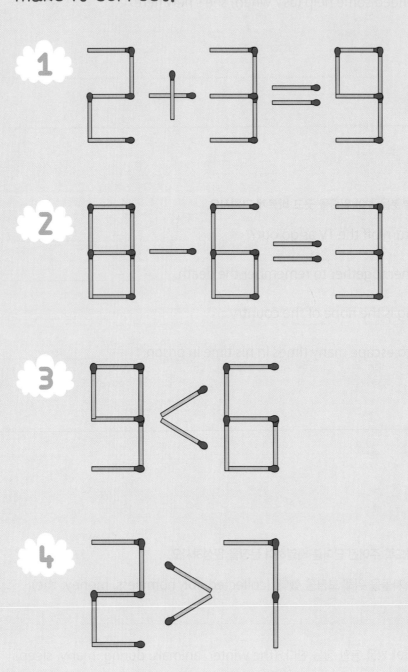

GUESS & READ Johnny는 왜 버스 바닥에 누웠을까요?

❶ Johnny is one of the laziest boys in his class. ❷ He's always late for school and his homework is usually (A) late / early , too. ❸ One day his class goes on a bus trip. ❹ The teacher says, "We will see old buildings, some beautiful countryside, and many other things. ❺ Write about them in your notebook." ❻ The children look out the windows at all the interesting things. ❼ They write in their notebooks. ❽ The teacher is (B) happy / sad with them. ❾ Then she sees Johnny, and <u>he is lying on the floor of the bus.</u> ❿ "Are you sick?" she asks him. "No, ma'am," he says. ⓫ "Then why are you lying on the floor?" ⓬ "If I can't see anything," he says, "I don't have to (C) talk / write about it, do I?"

1 윗글의 각 네모 (A)~(C)에 알맞은 것끼리 짝지어진 것은?

	(A)		(B)		(C)
①	late	……	happy	……	talk
②	late	……	happy	……	write
③	late	……	sad	……	write
④	early	……	happy	……	talk
⑤	early	……	sad	……	write

2 윗글에서 Johnny가 밑줄 친 부분과 같이 행동한 이유를 우리말로 쓰시오.

_____

SUMMARY 빈칸에 알맞은 말을 윗글에서 찾아 쓰시오.

Johnny is very lazy. He's always (1)_____ for school and his homework is usually late, too. On a bus trip, the teacher tells the students to (2)_____ about the things they see. But Johnny doesn't want to write. So he is lying on the (3)_____ of the bus not to see (4)_____.

① Johnny is / one of the laziest boys / in his class.

  <u>Johnny는 ~이다 / 가장 게으른 소년들 중 한 명 / 그의 학급에서</u>

② He's always late for school and his homework is usually _____ , too.

③ One day his class goes on a bus trip.

④ The teacher says, "We will see old buildings, some beautiful countryside, and many other things.

⑤ Write about them in your notebook."

⑥ The children look out the windows at all the interesting things.

⑦ They write in their notebooks.

⑧ The teacher is _____ with them.

⑨ Then she sees Johnny, and he is lying on the floor of the bus.

⑩ "Are you sick?" she asks him. "No, ma'am," he says.

⑪ "Then why are you lying on the floor?"

⑫ "If I can't see anything," he says, "I don't have to _____ about it, do I?"

  ↳ TIP

GRAMMAR **TIP**

부가의문문

상대방에게 동의를 구하거나 사실을 재확인하기 위해 평서문 뒤에 붙이는 「동사+주어?」 형태의 짧은 의문문을 뜻해요. 긍정문 뒤에는 부정의문문을, 부정문 뒤에는 긍정 의문문을 쓰고, 앞 문장의 동사가 be동사이면 be동사를, 일반동사이면 do동사를 써요.

• We aren't late, **are we**?

• You like pizza, **don't you**?

WORDS

lazy 형 게으른

cf. diligent 형 부지런한

class 명 학급, 반

late 형 늦은

homework 명 숙제

usually 부 대개, 보통

trip 명 여행

cf. go on a trip 여행을 가다

building 명 건물

countryside 명 시골 지역

other 형 다른

write 동 쓰다

notebook 명 공책

look out 내다보다

interesting 형 흥미로운

be happy with ~에 만족하다

lie 동 누워 있다

floor 명 바닥

sick 형 아픈

anything 대 아무것

천둥과 번개는 왜 함께 발생할까요?

❶No one can see thunder. ❷It sounds like a shot from a gun. ❸Many people are afraid of thunder. ❹However, thunder cannot hurt you. ❺It is only air from the heat of lightning and the air moves very fast. ❻That makes the noise. ❼As light moves much faster than sound, you hear thunder after you see lightning. ❽Next time you see lightning, start to count slowly. ❾If you count to five right before the sound of thunder, the lightning is over one and a half kilometers away. ❿If you count to ten, the lightning is about _____ kilometers away.

1 윗글의 빈칸에 들어갈 말로 가장 적절한 것은?

① two ② three ③ four

④ five ⑤ six

2 윗글의 내용과 일치하지 <u>않는</u> 것은?

① 천둥은 눈에 보이지 않는다.

② 천둥소리는 총소리처럼 들린다.

③ 번개와 천둥은 새벽 시간에만 발생한다.

④ 천둥은 번개의 열에서 발생한 공기가 내는 소리이다.

⑤ 빛은 소리보다 훨씬 빠르게 움직인다.

빈칸에 알맞은 말을 윗글에서 찾아 쓰시오.

Q&A on Thunder	
What does thunder sound like?	It sounds like a (1)_____ from a gun.
Can thunder hurt people?	No, it (2)_____ _____ them.
What is thunder?	It is (3)_____ from the heat of lightning.
Does lightning come after thunder?	No, it doesn't. (4)_____ comes after lightning.

❶ No one can see thunder.

_____

❷ It sounds like a shot from a gun.

_____

❸ Many people are afraid of thunder.

_____

❹ However, thunder cannot hurt you.

_____

❺ It is only air from the heat of lightning and the air moves very fast.

_____

❻ That makes the noise.

_____

❼ As light moves much faster than sound, you hear thunder after you see lightning.

_____

_____

❽ Next time you see lightning, start to count slowly.

_____

❾ If you count to five right before the sound of thunder, the lightning is over one and a half kilometers away.

_____

❿ If you count to ten, the lightning is about _____ kilometers away.

_____

TIP

GRAMMAR

명사를 수식하는 no

no는 명사 앞에 쓰여서 '전혀 없다'는 뜻을 나타내요. no 뒤에는 셀 수 있는 명사와 셀 수 없는 명사 모두 올 수 있어요.

• There are **no** animals in the zoo.

• There is **no** money in my purse.

WORDS ....

thunder 명 천둥
sound 동 소리를 내다 명 소리
shot 명 총성
gun 명 총
be afraid of ~을 두려워하다
hurt 동 다치게 하다
heat 명 열, 열기
lightning 명 번개
move 동 움직이다, 나아가다
fast 부 빨리 형 빠른
cf. quick 부 빨리 형 빠른
noise 명 시끄러운 소리, 소음
hear 동 듣다
next time 다음에 ~할 때
count 동 (수를) 세다
slowly 부 천천히
away 부 떨어져, 떨어진 곳에

GUESS & READ '모바일 머니'를 사용해 본 적이 있나요?

① These days, people don't bother to carry money in a wallet. **②** _____(a)_____, their smartphone is their wallet. **③** Through banking apps, everyone is able to have mobile money. **④** It is changing our daily lives. **⑤** People can pay with their phones in restaurants, markets, etc. **⑥** They don't even need to sign a receipt. **⑦** The simple action of touching makes a payment in a second. **⑧** How convenient it is!

⑨ Researchers say the end of cash is coming soon. **⑩** We're on our way to a cash-free society. **⑪** Many people think the touch and pay system is more convenient. **⑫** _____(b)_____, keep an eye on your phone battery, or you will be penniless!

1 What is the best pair of words for blanks (a) and (b)?

① Instead – Also
② Instead – However
③ Or – However
④ But – Instead
⑤ But – For example

STORY LINK

친구야, 벤모해!

▶ 최근 미국에서는 "벤모해!"라는 신조어가 생겼는데요. 벤모(Venmo)는 개인 간 모바일 결제와 SNS의 기능이 통합된 모바일 앱이에요. 말하자면 친구를 검색해서 돈을 보내는 송금 앱이라고 할 수 있어요. 이전에는 식사 후 각자 먹은 음식 값을 현금으로 모아서 지불했지만, 요즘은 한 사람이 모바일로 결제를 하고 벤모로 나머지 사람들에게 돈을 송금 받는다고 해요. 당장 현금이 없어도 편리하게 돈을 주고받을 수 있으니 앞으로 점점 더 사용이 늘어나겠죠?

2 윗글의 제목으로 가장 적절한 것은?

① Why We Need Cash
② How to Have Mobile Money
③ The Changing Phone Battery
④ The Convenience of Mobile Money
⑤ Where We Can Use Mobile Money

FACT CHECK 윗글의 내용과 일치하면 T(True), 그렇지 않으면 F(False)를 쓰시오.

(1) Mobile money is changing our daily lives. _____

(2) You can pay with your phone in a restaurant. _____

(3) You have to sign a receipt after making a mobile payment. _____

(4) You can still pay when your phone battery is dead. _____

지문 듣기

① These days, people don't bother to carry money in a wallet.

_____

② _____, their smartphone is their wallet.

_____

③ Through banking apps, everyone is able to have mobile money.

_____

④ It is changing our daily lives.

_____

⑤ People can pay with their phones in restaurants, markets, etc.

_____

⑥ They don't even need to sign a receipt.

_____

⑦ The simple action of touching makes a payment in a second.

_____

⑧ How convenient it is! →TIP

_____

⑨ Researchers say the end of cash is coming soon.

_____

⑩ We're on our way to a cash-free society.

_____

⑪ Many people think the touch and pay system is more convenient.

_____

⑫ _____, keep an eye on your phone battery, or you will be penniless!

_____

GRAMMAR **TIP**

How로 시작하는 감탄문

How로 시작하는 감탄문은 「How + 형용사[부사] + 주어 + 동사!」의 어순으로 쓰며, '얼마나 ～한가!'라는 뜻을 나타내요.

• **How boring** this book is!

• **How fast** the boy runs!

WORDS

bother 동 신경 쓰다, 애를 쓰다

carry 동 가지고 다니다

wallet 명 지갑

through 전 ～을 통해서

banking 명 은행 업무

app 명 애플리케이션[스마트폰 응용 프로그램]

daily life 일상생활

pay 동 지불하다

even 부 심지어

sign 동 서명하다

receipt 명 영수증

simple 형 단순한, 간단한

make a payment 지불하다

convenient 형 편리한, 유용한

cf. useful 형 쓸모 있는, 유용한

researcher 명 연구자

cash 명 현금

-free ～이 없는

cf. fat-free 무지방의

society 명 사회

keep an eye on ～을 계속 지켜보다

penniless 형 빈털터리의, 무일푼의

cf. poor 형 가난한, 빈곤한

1 서로 의미가 비슷한 단어끼리 연결하시오.

(1) fast   (2) convenient   (3) penniless

ⓐ useful   ⓑ away   ⓒ poor   ⓓ quick

2 주어진 단어 카드를 보고 우리말 뜻에 해당하는 단어를 쓰시오.

(1) 천둥 _____   (2) 신경 쓰다, 애를 쓰다 _____

(3) ~을 통해서 _____   (4) 시골 지역 _____

(5) 흥미로운 _____   (6) 번개 _____

thunder	interesting	through	usually

bother	lightning	countryside

3 우리말 뜻에 해당하는 단어를 찾아 동그라미하고 빈칸에 알맞은 철자를 쓰시오.

```
c m s l r k x d
w u s i m p l e
f l o o r e y s
x n c o u n t z
n o i s e j y v
v r e c e i p t
t f t t q u b w
g o y h p i u a
```

(1) 사회   so　i　t

(2) 단순한, 간단한   s　m　e

(3) (수를) 세다   c　un

(4) 영수증   r　ce　t

(5) 바닥   fl　r

(6) 시끄러운 소리, 소음   n　is

4 괄호 안에서 어법에 맞는 것을 고르시오.

(1) We are late, (are / aren't) we?

(2) (No / Not) one can see thunder.

(3) How boring (is this book / this book is)!

(4) I don't have to write about it, (am / do) I?

5 밑줄 친 부분을 어법에 맞게 고치시오.

(1) You like pizza, <u>do</u> you?　　　　→ _____

(2) <u>What</u> fast the boy runs!　　　　→ _____

(3) There are <u>nothing</u> animals in the zoo.　→ _____

(4) How <u>conveniently</u> mobile money is!　→ _____

6 내신 잡는 서술형
주어진 우리말을 다음 〈조건〉에 맞게 영작하시오.

(1) 수학은 어려워, 그렇지 않니?

조건
ⓐ 부가의문문을 이용할 것　　ⓑ be동사를 포함하여 5단어로 쓸 것

→ _____

(2) 그 꽃들은 정말 아름답구나!

조건
ⓐ 감탄문으로 쓸 것　　ⓑ how를 포함하여 5단어로 쓸 것

→ _____

Combine the two pictures and guess what is pictured.

1

2

3

GUESS & READ 자동판매기로 어떤 물건을 살 수 있을까요?

❶ You see many vending machines on the street every day. **❷** They sell drinks, candy, and tissues. These are the usual, boring items. **❸** These days, huge vending machines in the U.S. are selling a new item. **❹** These new vending machines are selling cars. **❺** The machines are as tall as seven-story buildings. **❻** Then, can you just walk up to one of these machines and buy a car? **❼** No, you can't. Here are the steps to help you.

❽ First, visit the company's website. **❾** Select a car and set up financing for it. **❿** It only takes about 10 minutes! Then, you can pick up the car at a machine. **⓫** When you go to pick it up, you will get a large coin. **⓬** You'll then put the coin into a slot. **⓭** The coin tells the machine to lower your car to you. **⓮** Now you can drive it away.

1 윗글의 목적으로 가장 적절한 것은?

① 자동판매기 종류를 설명하려고
② 새로운 자동차를 광고하려고
③ 자동차 구매에 대해 조언하려고
④ 판매 물품의 변경을 요청하려고
⑤ 자동차 자동판매기를 소개하려고

2 윗글에서 알맞은 단어를 찾아 글의 제목을 완성하시오.

The New Vending Machines for _____ _____

STORY LINK

세계 최초의 자동차 자동판매기 '카바나'

▶자동차 자동판매기를 처음 개발한 기업은 '카바나(Carvana)'라는 미국 온라인 중고차 매매 기업이에요. 이 자동판매기는 겉모습만 보면 일반 자동차 전시장처럼 보여요. 자동차 자동판매기를 이용하면 회사는 배송료를 절약할 수 있고 고객들은 새롭고 신선한 구매 체험을 할 수 있기 때문에 이용하는 사람들이 점점 더 늘어나고 있다고 해요.

ORGANIZING MAP 빈칸에 알맞은 말을 윗글에서 찾아 쓰시오.

Visit the (1) _____'s website.

↘ (2) _____ a car and set up financing for it.

↘ (3) _____ a large coin into a slot.

↘ The machine will (4) _____ your car to you.

↘ (5) _____ away your car!

READ CLOSELY

의미 단위로 끊어 읽고(/), 주어와 동사에 표시해 봅시다.

① You see/**many vending machines/on the street/every day.**

당신은 본다 / 많은 자동판매기를 / 거리에서 / 매일

② They sell drinks, candy, and tissues. These are the usual, boring items.

③ These days, huge vending machines in the U.S. are selling a new item.

④ These new vending machines are selling cars.

⑤ The machines are as tall as seven-story buildings.

⑥ Then, can you just walk up to one of these machines and buy a car?

⑦ No, you can't. Here are the steps to help you.

⑧ First, visit the company's website.

⑨ Select a car and set up financing for it.

⑩ It only takes about 10 minutes! TIP **Then, you can pick up the car at a machine.**

⑪ When you go to pick it up, you will get a large coin.

⑫ You'll then put the coin into a slot.

⑬ The coin tells the machine to lower your car to you.

⑭ Now you can drive it away.

GRAMMAR TIP

It takes + 시간

'시간이 ~ 걸리다'는 비인칭 주어 it을 사용해서 「It takes + 시간」으로 나타내요.

• **It takes** an hour by car.
• **It takes** 30 minutes to get to school.

WORDS

vending machine 자판기, 자동판매기
tissue 명 화장지
usual 형 보통의, 평범한
boring 형 지루한
item 명 물품, 품목
huge 형 거대한, 엄청난
cf. **large** 형 큰, 커다란
walk up 걸어가다, 다가가다
step 명 단계
company 명 회사
select 동 선택하다
cf. **choose** 동 고르다, 선택하다
set up ~을 마련하다, 준비하다
finance 동 자금을 대다 명 자금
pick up ~을 찾아오다
coin 명 동전
slot 명 (자동판매기 등의) 동전 구멍
lower 동 내리다, 낮추다
drive away (차를 타고) 떠나다

GUESS & READ 좋은 친구가 되려면 어떻게 해야 할까요?

❶If you want to be a good friend, be a good listener. (①) ❷If no one listens to your friend, he or she will feel lonely. ❸However, your friend will feel better if you listen. (②) ❹Tammy and her parents were not getting along well. ❺She felt sad because they didn't seem to love her. (③) ❻Then one day, Tammy met her friend, Brenda. ❼They talked about many things. (④) ❽Tammy told Brenda about her worries, and Brenda listened. ❾Brenda didn't give advice, but Tammy started to feel better. (⑤) ❿Being a good listener is enough to change someone's feelings.

1 윗글의 ①~⑤ 중 주어진 문장이 들어가기에 가장 적절한 곳은?

⓫ Here is an example.

①   ②   ③   ④   ⑤

2 윗글의 요지로 가장 적절한 것은?

① 대화를 통해 문제를 해결해야 한다.
② 고민은 친한 친구에게만 털어놓는 것이 좋다.
③ 친구에게 말을 해도 해결되지 않는 일들이 있다.
④ 좋은 친구가 되려면 상대방의 말을 잘 들어주어야 한다.
⑤ 부모님과의 문제를 해결하기 위해서 자주 대화해야 한다.

STORY LINK

상대방의 말을 잘 들어주는 법

1. 마음을 열고 즐겁게 들어주세요.
2. 맞장구를 쳐 주세요.
3. 잘못을 지적하지 마세요.
4. 대화이 이어질 수 있도록 질문을 하세요.
5. 적절하게 끼어들어서 새로운 이야기가 펼쳐질 수 있도록 하세요.

FACT CHECK 윗글의 내용과 일치하면 T(True), 그렇지 않으면 F(False)를 쓰시오.

(1) Tammy는 부모님과 사이가 좋았다. _____
(2) Brenda는 Tammy의 고민을 들어주었다. _____
(3) Brenda는 Tammy에게 많은 조언을 해 주었다. _____
(4) Tammy는 자신의 걱정을 말한 후에 기분이 나아졌다. _____

지문 듣기

❶ If you want to be a good friend, be a good listener.

❷ If no one listens to your friend, he or she will feel lonely.

❸ However, your friend will feel better if you listen.

❹ Tammy and her parents were not getting along well.

❺ She felt sad because they didn't seem to love her. TIP

❻ Then one day, Tammy met her friend, Brenda.

❼ They talked about many things.

❽ Tammy told Brenda about her worries, and Brenda listened.

❾ Brenda didn't give advice, but Tammy started to feel better.

❿ Being a good listener is enough to change someone's feelings.

⓫ Here is an example.

GRAMMAR **TIP**

seem+to-v

「seem+to-v」는 '~인 것 같다, ~인 것처럼 보이다'라는 뜻을 나타내요.

• He doesn't **seem to hear** you.

• Your dog **seems to be** hungry.

WORDS

want 동 원하다, 바라다

listener 명 듣는 사람

cf. good listener 다른 사람의 말을 잘 들어주는 사람, 경청자

feel 동 느끼다

lonely 형 외로운, 쓸쓸한

parents 명 부모, 양친

cf. parent 아버지 또는 어머니

get along (with) (~와) 잘 지내다

seem 동 ~인 것 같다

talk about ~에 대해 말하다

worry 명 걱정, 우려

advice 명 충고, 조언

enough 형 충분한

change 동 바꾸다

feeling 명 기분, 감정 상태

example 명 예, 본보기

GUESS & READ '풍수'라는 말을 들어본 적이 있나요?

❶Do you want to make more friends? ❷Use *feng shui* to organize your friends' pictures! ❸Do you want to get better grades? ❹Use *feng shui* to put your desk in the right place. ❺*Feng shui* is the art of ＿＿＿＿＿＿＿. ❻It is not a ①science, but you can use *feng shui* to bring good luck. ❼When you use *feng shui*, ②good energy can move freely. ❽And this will bring you ③unhappiness. ❾So hang your friends' pictures in a triangle to get along ④better with them. ❿And move your desk to the left of the door to get better grades. ⓫If you ⑤follow these tips, you can expect to be lucky.

* feng shui 풍수 * triangle 삼각형

1 What is the best word for the blank?

① healing   ② placement

③ feeling   ④ well-being

⑤ relationship

2 윗글의 밑줄 친 ①~⑤ 중 문맥상 단어의 쓰임이 어색한 것은?

①   ②   ③   ④   ⑤

SUMMARY MAP 빈칸에 알맞은 말을 윗글에서 찾아 쓰시오.

Feng shui is the (1) ＿＿＿＿＿＿＿ of placement. It is not a science. You can use it to bring (2) ＿＿＿＿＿＿＿＿＿.

⬇

To make more friends
Hang your friends' (3) ＿＿＿＿＿＿＿ in a triangle.

To get better grades
Place your desk on the (4) ＿＿＿＿＿＿＿ of the door.

READ CLOSELY

의미 단위로 끊어 읽고(/), 주어와 동사에 표시해 봅시다.

지문 듣기

GRAMMAR TIP

목적을 나타내는 to부정사의 부사적 용법

to부정사는 '~하기 위해서' 라는 뜻의 목적을 나타내는 부사적 용법으로 쓰일 수 있어요.

• All the players practiced hard **to win** the game.

• I went to the library **to return** some books.

❶ Do you want to make more friends?

❷ Use *feng shui* to organize your friends' pictures!

❸ Do you want to get better grades?

❹ Use *feng shui* to put your desk in the right place.

❺ *Feng shui* is the art of _____.

❻ It is not a science, but you can use *feng shui* to bring good luck.

❼ When you use *feng shui*, good energy can move freely.

❽ And this will bring you unhappiness.

❾ So hang your friends' pictures in a triangle to get along better with them.

❿ And move your desk to the left of the door to get better grades.

⓫ If you follow these tips, you can expect to be lucky.

WORDS

make friends 친구를 사귀다

use 동 사용하다

organize 동 (특정한 순서·구조로) 정리하다, 체계화하다

grade 명 성적, 학점

art 명 기술, 기법

science 명 과학

bring 동 가져오다

luck 명 운

cf. fortune 명 운, 재산

energy 명 기운, 에너지

freely 부 자유롭게

unhappiness 명 불행, 불운

hang 동 걸다, 매달다

left 명 왼쪽 형 왼쪽의

follow 동 따르다

tip 명 조언

expect 동 기대하다, 예상하다

placement 명 배치

cf. place 동 두다[놓다], 배치하다

1 서로 의미가 비슷한 단어끼리 연결하시오.

(1) (huge)　　　(2) (select)　　　(3) (advice)
　　　•　　　　　　　　•　　　　　　　　•

　　•　　　　　　　•　　　　　　　•　　　　　　　•
ⓐ choose　　　ⓑ tip　　　ⓒ usual　　　ⓓ large

2 주어진 단어 카드를 보고 우리말 뜻에 해당하는 단어를 쓰시오.

(1) 외로운, 쓸쓸한 _____　　(2) 배치 _____

(3) 내리다, 낮추다 _____　　(4) 자금을 대다 _____

(5) 성적, 학점 _____　　(6) 걱정, 우려 _____

| lower | grade | seem | placement |

| finance | lonely | worry |

3 우리말 뜻에 해당하는 단어를 찾아 동그라미하고 빈칸에 알맞은 철자를 쓰시오.

o	c	o	m	p	a	n	y
r	k	b	w	c	z	h	d
g	p	l	y	o	s	a	n
a	j	b	o	r	i	n	g
n	s	k	j	n	g	g	c
i	y	e	x	p	e	c	t
z	i	t	h	r	g	z	f
e	e	n	o	u	g	h	m

(1) 충분한　　　en　u
(2) 지루한　　　b　　ing
(3) 걸다, 매달다　h　n
(4) 정리하다　　or　a　i　e
(5) 회사　　　c　m　an
(6) 기대하다　　e　pe　t

4

괄호 안에서 어법에 맞는 것을 고르시오.

(1) (It / It's) takes an hour by bus.

(2) He doesn't seem (hearing / to hear) you.

(3) You can use *feng shui* (to / for) bring good luck.

(4) She felt sad because they didn't seem (love / to love) her.

5

어법상 어색한 부분을 찾아 밑줄을 긋고 바르게 고치시오.

(1) Your dog seems to being hungry.   → _____

(2) It only take about 10 minutes!   → _____

(3) Use *feng shui* put your desk in the right place.   → _____

(4) All the players practiced hard to winning the game. → _____

6

내신 잡는 서술형

우리말과 일치하도록 주어진 단어를 배열하여 문장을 완성하시오.

(1) 공항까지 가는 데 한 시간이 걸린다. (get to, takes, the airport, it, an hour, to)

→ _____

(2) 집 없는 고양이가 아픈 것처럼 보인다. (be, seems, the homeless cat, sick, to)

→ _____

Play Time

Look at the ancient symbols and fill in each blank with the correct letter for each symbol.

GUESS THE WORD

우주에서의 생활은 어떻게 다를까요?

❶Life in space is quite different from life on Earth. ❷Astronauts wear everyday clothing inside the spaceship. ❸But when ① they travel outside the spaceship, they have to wear a spacesuit. ❹The meals in space are very similar to those on Earth. ❺Astronauts eat fruit and bread just as ② they are. ❻However, the foods are in small packs. ❼Then your meals won't fly away in the air. ❽In space, the bones and muscles of astronauts become weak. ❾So, ③ they have to exercise regularly to stay strong and healthy. ❿Next, the toilet is no different. ⓫It's small, but strong air flushes the waste into a special pipe. ⓬To wash, astronauts use a freshwater hose. ⓭It showers ④ them, and a vacuum hose takes away all the water. ⓮⑤ They vacuum themselves!

* vacuum 진공청소기로 청소하다[빨아들이다]

1 윗글의 밑줄 친 ①~⑤ 중 가리키는 대상이 나머지 넷과 <u>다른</u> 것은?

① ② ③ ④ ⑤

2 윗글에서 알맞은 단어를 찾아 글의 주제를 완성하시오.

> the differences between living in _____ and living on _____

윗글의 내용과 일치하면 T(True), 그렇지 않으면 F(False)를 쓰시오.
(1) 우주 비행사는 우주에서 우주복만 입어야 한다. _____
(2) 우주 비행사가 먹는 음식물은 용기 안에 들어 있다. _____
(3) 우주에서는 사람의 뼈와 근육이 점점 강해진다. _____
(4) 우주 비행사는 씻을 때 급수용 호스를 사용한다. _____

STORY LINK

왜 달에 가려고 할까요?

▶달은 중력이 지구의 1/6밖에 안 되고 공기도 없어서 생명체가 살 수 없어요. 하지만 달은 지구에서 제일 가깝기 때문에 우주의 비밀을 풀기 위해 연구를 시작할 곳으로 달이 선택됐죠. 또 달에는 다양한 광물과 연료로 쓰일 수 있는 헬륨-3이 전 지구인이 1만 년 동안 사용할 수 있을 만큼 묻혀 있어서 미국, 일본, 중국, 인도 등이 달 탐사와 연구에 경쟁을 벌이고 있어요.

지문 듣기

① Life in space is / quite different / from life on Earth.
우주에서의 생활은 ~이다 / 꽤 다른 / 지구에서의 생활과

② Astronauts wear everyday clothing inside the spaceship.

③ But when they travel outside the spaceship, they have to wear a spacesuit.

④ The meals in space are very similar to those on Earth.

⑤ Astronauts eat fruit and bread just as they are.

⑥ However, the foods are in small packs.

⑦ Then your meals won't fly away in the air.

⑧ In space, the bones and muscles of astronauts become weak. ►TIP

⑨ So, they have to exercise regularly to stay strong and healthy.

⑩ Next, the toilet is no different.

⑪ It's small, but strong air flushes the waste into a special pipe.

⑫ To wash, astronauts use a freshwater hose.

⑬ It showers them, and a vacuum hose takes away all the water.

⑭ They vacuum themselves!

GRAMMAR TIP

become + 형용사

'~해지다'라는 뜻으로 상태의 변화를 나타낼 때 쓰이며, become 대신에 go, get, come, grow로 바꿔 쓸 수 있어요.

• I want to **become famous** when I grow up.
• The weather is **becoming warmer**.

WORDS

quite 부 꽤, 상당히
cf. pretty 부 꽤, 상당히
astronaut 명 우주 비행사
clothing 명 의류
spaceship 명 우주선
spacesuit 명 우주복
meal 명 식사
be similar to ~와 비슷하다
pack 명 포장 용기 동 포장하다
fly away 떠다니다, 날아가다
bone 명 뼈
muscle 명 근육
exercise 동 운동하다
regularly 부 규칙적으로
toilet 명 변기
flush 동 (물로 변기·관 따위를) 씻어 내리다
waste 명 배설물, 쓰레기
freshwater 명 민물[담수]
형 민물[담수]의
shower 동 물을 뿌리다
take away 제거하다, 없애다

GUESS & READ "please"와 "thank you"를 왜 마법의 말이라고 할까요?

❶The words "please" and "thank you" work like magic. ❷If you say "Water!" to your mom, she may not bring you water. ❸___(a)___, if you say "Water, please," she may bring you water. ❹When your friend's mother makes delicious food for you, you should say "Thank you." ❺She will smile at you and think you have good manners. ❻If you use these words often, people will also think you are nice to be around. ❼So people call them the "magic words." ❽Parents always teach their children to use these words. ❾___(b)___, when a young boy, Kevin, says, "Pass me the salt," at the dinner table, his mother asks, "What's the magic word, Kevin?" ❿Then young Kevin says again, "Please, pass me the salt." ⓫Then his mother gives Kevin the salt and Kevin says, "Thank you."

1 윗글의 빈칸 (a), (b)에 들어갈 말이 바르게 짝지어진 것은?

① And − But   ② And − So
③ Instead − In fact   ④ Instead − For example
⑤ But − However

2 윗글의 주제로 가장 적절한 것은?

① how to learn new words
② how to perform magic tricks
③ what parents teach their children
④ why you should say the magic words
⑤ what you should say to your parents

SUMMARY 빈칸에 알맞은 말을 윗글에서 찾아 쓰시오.

The words "please" and "thank you" work like (1)_____. If you often say these words, people will think you have good (2)_____ and you are (3)_____ to be around. So, parents always (4)_____ their children to use these words.

지문 듣기

TIP
GRAMMAR

teach＋목적어＋to-v
'~에게 …하라고[하는 것을] 가르치다'라는 뜻이에요.
• They're **teaching** *a boy* **to swim**.
• My mom **taught** *me* **to help** other people.

❶ The words "please" and "thank you" work like magic.

❷ If you say "Water!" to your mom, she may not bring you water.

❸ _____, if you say "Water, please," she may bring you water.

❹ When your friend's mother makes delicious food for you, you should say "Thank you."

❺ She will smile at you and think you have good manners.

❻ If you use these words often, people will also think you are nice to be around.

❼ So people call them the "magic words."

❽ Parents always teach their children to use these words. →TIP

❾ _____, when a young boy, Kevin, says, "Pass me the salt," at the dinner table, his mother asks, "What's the magic word, Kevin?"

❿ Then young Kevin says again, "Please, pass me the salt."

⓫ Then his mother gives Kevin the salt and Kevin says, "Thank you."

WORDS

word 명 말, 단어
work 동 효과가 있다, 작용하다
magic 명 마법, 마술 형 마법의
bring 동 가져오다, 가져다주다
delicious 형 맛있는
manners 명 예절, 예의
use 동 사용하다
often 부 자주
also 부 또한, 게다가
be around 어울리다
call A B A를 B라고 부르다
teach 동 가르치다
pass 동 건네주다, 전달하다
salt 명 소금
again 부 다시

과거에 소금은 어떤 용도로 쓰였을까요?

❶ Salt is one of the necessary things in our daily lives. ❷ ① Why is the ocean salty? ❸ Today, we use it in many different ways, from food to cosmetics. ❹ ② However, the history of salt is very long. ❺ In the past, people salted their fresh foods, such as meat, fish, and vegetables. ❻ ③ Then people could store the foods for a long time.

❼ Interestingly, people used salt as money in ancient times. ❽ ④ It was called the "white gold." ❾ Roman soldiers received a handful of salt as payment each day. ❿ ⑤ They exchanged the salt for other things, mainly food. ⓫ Back then, salt was as valuable as gold. ⓬ This was because there were few salt mines and it took a lot of time to produce salt.

1 윗글의 ①~⑤ 중 전체 흐름과 관계 없는 문장은?

①   ②   ③   ④   ⑤

2 Which is NOT true about "salt" according to the passage?

① Salt is a necessary item in our lives.
② People in the past used salt to store their fresh foods.
③ Roman soldiers got paid in salt.
④ Salt was as valuable as gold in ancient times.
⑤ Ancient people could produce salt in a short time.

STORY LINK

소금에도 유통 기한이 있나요?
▶소금의 유통 기한은 소금의 종류에 따라 있을 수도 있고 없을 수도 있어요. 첨가제가 따로 들어가지 않은 흰색 소금이나 히말라야 핑크 소금인 암염의 경우에는 유통기한이 존재하지 않는다고 해요. 소금 결정 자체는 수분이 거의 없고, 염분의 농도가 높아서 삼투압작용이 일어나는 천연 방부제이기 때문에 박테리아와 미생물이 서식할 수 없기 때문이에요. 하지만 첨가물이 들어간 가공 소금은 유통 기한에 주의해야 해요.

ORGANIZING MAP 빈칸에 알맞은 말을 윗글에서 찾아 쓰시오.

	The Uses of Salt
now	People use salt in many different ways, from food to (1)_____.
past	- People (2)_____ their fresh foods to (3)_____ them for a long time. - Roman soldiers received salt as (4)_____.

지문 듣기

❶ Salt is one of the necessary things in our daily lives.

GRAMMAR TIP

one of+the+복수명사

'~들 중의 하나'라는 뜻을 나타내며, of 뒤에 「the+복수명사」 형태가 와야 해요.

• **One of the students** passed the exam.

• Tom is **one of the boys** in the movie.

❷ Why is the ocean salty?

❸ Today, we use it in many different ways, from food to cosmetics.

❹ However, the history of salt is very long.

❺ In the past, people salted their fresh foods, such as meat, fish, and vegetables.

❻ Then people could store the foods for a long time.

❼ Interestingly, people used salt as money in ancient times.

❽ It was called the "white gold."

❾ Roman soldiers received a handful of salt as payment each day.

❿ They exchanged the salt for other things, mainly food.

⓫ Back then, salt was as valuable as gold.

⓬ This was because there were few salt mines and it took a lot of time to produce salt.

WORDS

salt 명 소금 동 소금을 넣다, 소금에 재우다

necessary 형 필요한

cf. essential 형 필수적인

cosmetics 명 화장품

history 명 역사

in the past 과거에

fresh 형 신선한

such as ~와 같은

meat 명 고기

vegetable 명 채소

store 동 저장하다, 보관하다

cf. keep 동 유지하다, 보관하다

interestingly 부 흥미롭게도

ancient 형 고대의

soldier 명 군인

receive 동 받다

a handful of 한 줌의

payment 명 지불, 보수

exchange 동 교환하다, 바꾸다

mainly 부 주로

valuable 형 귀중한

mine 명 광산

produce 동 생산하다

REVIEW TIME

1 서로 의미가 비슷한 단어끼리 연결하시오.

(1) quite (2) necessary (3) store

ⓐ muscle ⓑ pretty ⓒ keep ⓓ essential

2 주어진 단어 카드를 보고 우리말 뜻에 해당하는 단어를 쓰시오.

(1) 맛있는 _____ (2) 귀중한 _____

(3) 우주선 _____ (4) 예절, 예의 _____

(5) 교환하다 _____ (6) 우주 비행사 _____

exchange   spaceship   manners   valuable

astronaut   delicious   receive

3 우리말 뜻에 해당하는 단어를 찾아 동그라미하고 빈칸에 알맞은 철자를 쓰시오.

o	a	n	c	i	e	n	t
a	i	z	j	r	x	s	d
y	b	s	x	f	e	e	m
p	y	h	k	l	r	t	a
p	r	o	d	u	c	e	g
x	h	w	f	s	i	u	i
q	x	e	w	h	s	n	c
w	g	r	l	v	e	c	m

(1) 마법　　　 ma　　i

(2) 씻어 내리다　fl　s

(3) 생산하다　 pr　d　c

(4) 물을 뿌리다　sh　we

(5) 운동하다　 e　er　is

(6) 고대의　　 an　　en

4 괄호 안에서 어법에 맞는 것을 고르시오.

(1) My mom taught (I / me) to help other people.

(2) One of the (student / students) passed the exam.

(3) Mark is teaching his son (swim / to swim) in the sea.

(4) In space, the bones of astronauts become (weak / weakness).

5 밑줄 친 부분을 어법에 맞게 고치시오.

(1) Tom is one of the <u>boy</u> in the movie.　　　　→ _____

(2) The weather is becoming <u>warmly</u>.　　　　　→ _____

(3) Parents always teach their children <u>use</u> these words.　→ _____

(4) Salt is one of <u>a</u> necessary things in our daily lives.　→ _____

6 내신 잡는 서술형
주어진 우리말을 다음 〈조건〉에 맞게 영작하시오.

(1) 그는 그 소식을 들었을 때 화가 났다.

┌─ 조건 ───────────────────────────────┐
│ ⓐ 과거시제로 나타낼 것　　　ⓑ become을 포함하여 3단어로 쓸 것 │
└──────────────────────────────────────┘

→ _____ when he heard the news.

(2) 그 아이들 중 하나가 내 여동생이다.

┌─ 조건 ───────────────────────────────┐
│ ⓐ 현재시제로 나타낼 것　　　ⓑ one을 포함하여 5단어로 쓸 것 │
└──────────────────────────────────────┘

→ _____ my sister.

Play Time

바른답·알찬풀이 | p. 40

Make the rocket get to the moon.

수학 개념을 쉽게 이해하는 방법?
개념수다로 시작하자!

수학의 진짜 실력자가 되는 비결 -
나에게 딱 맞는 개념서를 술술 읽으며 시작하자!

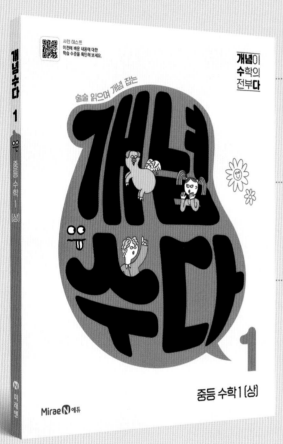

**개념
이해**

친구와 수다 떨듯 쉽고 재미있게,
베테랑 선생님의 동영상 강의로 완벽하게

**개념
확인·정리**

깔끔하게 구조화된 문제로 개념을 확인하고,
개념 전체의 흐름을 한 번에 정리

**개념
끝장**

온라인을 통해 개개인별 성취도 분석과
틀린 문항에 대한 맞춤 클리닉 제공

| 추천 대상 |

• 중등 수학 과정을 예습하고 싶은 초등 5~6학년
• 중등 수학을 어려워하는 중학생

수학은 순서를 따라 학습해야 효과적이므로,
초등 수학부터 꼼꼼하게 공부해 보자.

개념이 수학의 전부다
수학 개념을 제대로 공부하는 EASY 개념서

개념수다 시리즈 (전7책)

0_초등 핵심 개념
1_중등 수학 1(상), 2_중등 수학 1(하)
3_중등 수학 2(상), 4_중등 수학 2(하)
5_중등 수학 3(상), 6_중등 수학 3(하)

초등 핵심 개념
한 권으로 빠르게 정리!

중등
도서안내

비주얼 개념서 ―――――――――――――――――――

룩 LOOK

이미지 연상으로 필수 개념을 쉽게 익히는
비주얼 개념서

국어   문학, 문법
역사   ①, ②

필수 개념서 ―――――――――――――――――――

올리드

자세하고 쉬운 개념,
시험을 대비하는 특별한 비법이 한가득!

국어   1-1, 1-2, 2-1, 2-2, 3-1, 3-2
영어   1-1, 1-2, 2-1, 2-2, 3-1, 3-2
수학   1(상), 1(하), 2(상), 2(하), 3(상), 3(하)
사회   ①-1, ①-2, ②-1, ②-2
역사   ①-1, ①-2, ②-1, ②-2
과학   1-1, 1-2, 2-1, 2-2, 3-1, 3-2

* 국어, 영어는 미래엔 교과서 관련 도서입니다.

국어 독해·어휘 훈련서 ―――――――――――――――――――

수능 국어 독해의 자신감을 깨우는
단계별 훈련서

독해   0_준비편, 1_기본편, 2_실력편, 3_수능편
어휘   1_종합편, 2_수능편

영문법 기본서 ―――――――――――――――――――

GRAMMAR
BITE

중학교 핵심 필수 문법 공략,
내신·서술형·수능까지 한 번에!

문법   PREP
        Grade 1, Grade 2, Grade 3
        SUM

영어 독해 기본서 ―――――――――――――――――――

READING
BITE

끊어 읽으며 직독직해하는
중학 독해의 자신감!

독해   PREP
        Grade 1, Grade 2, Grade 3
        PLUS 수능

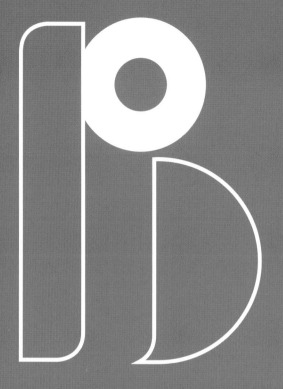

READING BITE | 바른답·알찬풀이

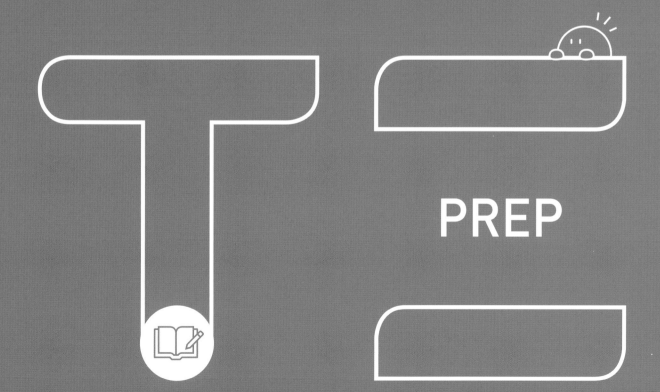

PREP

Mirae N 에듀

바른답·알찬풀이

바른답·알찬풀이

Answers

01 p. 10

1 differences **2** ①
ORGANIZING MAP (1) fat (2) have (3) smooth
(4) long strings

1 두꺼비와 개구리의 여러 가지 차이점에 관한 글이므로 빈칸에는
differences(차이점들)가 알맞다.
해석 두꺼비와 개구리의 차이점들
2 주어진 문장의 smooth(매끈한)는 bumpy(울퉁불퉁한)의 반의어이므
로 ①에 들어가는 것이 알맞다.

ORGANIZING MAP

	두꺼비	개구리
몸통	(1) 뚱뚱한	날씬한
이빨	그것들은 이빨이 없다.	그것들은 이빨이 (2) 있다.
피부	울퉁불퉁한	(3) 매끈한
알	알들은 (4) 긴 줄로 (늘어서) 나 온다.	알들은 공으로 (뭉쳐서) 나온 다.

READ CLOSELY p. 11

❶ Toads and frogs(aren't)/ the same.
두꺼비와 개구리는 ~않다 / 같지

❷ How(are)they / different?
어떻게 그것들은 ~인가 / 다른

❸ (Let)'s learn / about the differences.
배워 보자 / 차이점들에 대해

❹ Toads(are)fat, / but / frogs(are)thin.
두꺼비는 뚱뚱하다 / 하지만 / 개구리는 날씬하다

❺ Frogs(have)/ teeth, / but / toads(don't).
개구리는 가지고 있다 / 이빨을 / 하지만 / 두꺼비는 그렇지 않다
구문 toads don't 뒤에는 have teeth가 생략되어 있다.

❻ A toad's skin(is)/ bumpy, / but / a frog's skin(isn't)/
bumpy.
두꺼비의 피부는 ~이다 / 울퉁불퉁한 / 하지만 / 개구리의 피부는 ~아니
다 / 울퉁불퉁한

❼ Toad eggs(come)/ in long strings, / but / frog eggs
(come)/ in balls.
두꺼비 알들은 나온다 / 긴 줄로 (늘어서) / 하지만 / 개구리 알들은 나온다
/ 공으로 (뭉쳐서)

❽ A baby toad(lives)/ in the water.

새끼 두꺼비는 산다 / 물속에서

❿ When it grows up, / it(moves)/ to the land.
그것이 성장할 때 / 그것은 이동한다 / 땅으로
구문 when은 '~할 때'라는 뜻으로, 시간을 나타내는 접속사이다.

❿ A frog(doesn't move)/ to the land.
개구리는 이동하지 않는다 / 땅으로

⓫ When it grows up, / it(stays)/ in the water.
그것이 성장할 때 / 그것은 머무른다 / 물속에

⓬ Frogs and toads(are)/ different / in many ways.
개구리와 두꺼비는 ~이다 / 다른 / 여러 면에서

⓭ (Are you(interested in)/ frogs and toads, / too?
여러분은 관심이 있는가 / 개구리와 두꺼비에 / 역시

⓮ It(is)/ smooth.
그것은 ~이다 / 매끈한

지문해석 두꺼비와 개구리는 같지 않다. 그것들은 어떻게 다른가? 그 차이점
들에 대해서 배워 보자. 두꺼비는 뚱뚱하지만, 개구리는 날씬하다. 개구리는
이빨이 있지만, 두꺼비는 없다. 두꺼비의 피부는 울퉁불퉁하지만, 개구리의 피
부는 울퉁불퉁하지 않다. 그것은 매끈하다. 두꺼비 알들은 긴 줄로 (늘어서) 나
오지만, 개구리 알들은 공으로 (뭉쳐서) 나온다. 새끼 두꺼비는 물속에서 산다.
그것이 성장하면, 땅으로 이동한다. 개구리는 땅으로 이동하지 않는다. 그것은
성장하면, 물속에 머무른다. 개구리와 두꺼비는 여러 면에서 다르다. 여러분
역시 개구리와 두꺼비에 관심이 있는가?

02 p. 12

1 ⑤ **2** ④
FACT CHECK (1) F (2) T (3) T (4) F

1 포옹의 여러 가지 이점에 관한 내용이므로 전 세계의 사람들이 프리허그
를 해 준다는 내용의 ⓔ는 관련이 없다.
2 포옹을 하면 안정감을 느낀다는 내용과 포옹이 외로움을 치유해주고 신
뢰를 높여준다는 긍정적인 내용이 이어지므로 스트레스와 우울증을 줄여
준다는 내용이 알맞다.
오답풀이 ① 오다 ② 증가하다 ③ 시도하다 ⑤ 초래하다
FACT CHECK
(1) 포옹은 스트레스와 우울함을 줄여준다. (4) 포옹은 근육의 긴장을 풀어
주고 통증을 없애 준다.

READ CLOSELY p. 13

❶ A hug(is)/ like a handshake / from the heart.
포옹은 ~이다 / 악수와 같은 / 마음에서 우러나오는

❷ It(makes)/ both the giver and receiver / feel good.

그것은 만든다 / 포옹을 해 주는 사람과 포옹을 받는 사람 모두를 / 기분 좋게

❸ A hug a day (makes) / you / feel happy.

하루 한 번의 포옹은 만든다 / 당신을 / 행복을 느끼게

❹ (Are) you (feeling) down?

당신은 기분이 울적한가

❺ (Ask) / one of your friends / to hug you.

부탁해라 / 당신의 친구들 중 한 명에게 / 당신을 포옹해 달라고

❻ Scientists (say) / a hug is healthier / than an apple / a day.

과학자들은 말한다 / 포옹이 더 건강에 좋다고 / 사과 한 알보다 / 하루에

❼ A hug (has) / many benefits.

포옹은 가지고 있다 / 많은 이점을

❽ A long hug (will reduce) / your stress and depression.

긴 포옹은 줄여 줄 것이다 / 당신의 스트레스와 우울증을

❾ Also, / when you hug someone, / you (will feel) / a sense of safety.

또한 / 당신이 누군가를 포옹할 때 / 당신은 느끼게 될 것이다 / 안정감을

❿ A gentle hug (can heal) / your loneliness / and / (promote) / trust.

부드러운 포옹은 치유할 수 있다 / 당신의 외로움을 / 그리고 / 높일 수 있다 / 신뢰를

구문 promote 앞에 조동사 can이 생략되어 있다.

⓫ Lastly, / hugging (will) also (make) / your body / healthy.

마지막으로 / 포옹을 하는 것은 또한 만들 것이다 / 당신의 신체를 / 건강하게

구문 「make+목적어+형용사」는 '~을 …하게 만들다'라는 뜻이다.

⓬ It (relaxes) / your muscles / and / (takes away) / your pain.

그것은 긴장을 풀어 준다 / 당신의 근육을 / 그리고 / 없애 준다 / 당신의 통증을

⓭ Now, / many people / all over the world / (give) / "free hugs."

이제 / 많은 사람들이 / 전 세계의 / 해 준다 / '프리허그'를

지문해석 포옹은 마음에서 우러나오는 악수와 같다. 그것은 포옹을 해 주는 사람과 포옹을 받는 사람 모두를 기분 좋게 만든다. 하루 한 번의 포옹은 당신을 행복하게 만든다. 기분이 울적한가? 당신의 친구들 중 한 명에게 포옹해 달라고 부탁해라. 과학자들은 포옹이 하루에 사과 한 알 보다 더 건강에 좋다고 말한다.
포옹은 많은 이점을 가지고 있다. 긴 포옹은 당신의 스트레스와 우울증을 줄여 줄 것이다. 또한 당신이 누군가를 포옹할 때 당신은 안정감을 느끼게 될 것이다. 부드러운 포옹은 당신의 외로움을 치유하고 신뢰를 높일 수 있다. 마지막으로, 포옹을 하는 것은 또한 당신의 신체를 건강하게 할 것이다. 그것은 당신의 근육의 긴장을 풀어 주고 통증을 없애 준다. (이제, 전 세계의 많은 사람들이 '프리허그'를 해 준다.)

1 ③ 2 껍질은 코끼리 피부처럼 보이고, 나뭇가지는 뿌리처럼 보인다.

SUMMARY (1) water (2) save (3) lives

1 동물들에게 식수 샘으로 이용되고 어떤 동물들은 이사를 들어와 살기도 하는 등 사람들과 동물들의 생명을 구하는 바오밥 나무에 관한 내용이므로 ③ '바오밥 나무의 유용성'이 제목으로 알맞다.

오답풀이 ① 두 여행자들의 아프리카 여행 ② 아프리카 여행의 위험성 ④ 아프리카 나무들의 역사 ⑤ 아프리카 여행기

2 Its bark looks like elephant skin. The branches look like roots.에서 바오밥 나무의 생김새를 알 수 있다.

해석 Q. 바오밥 나무는 어떻게 생겼는가?

SUMMARY

이상하게 생긴 바오밥 나무는 꼭대기에 (1) 물이 있다. 그것은 사람들과 동물들의 (3) 생명을 (2) 구할 수 있다.

READ CLOSELY p. 15

❶ Two travelers (were walking) / in Africa. // The sun (shone) / on them / strongly.

두 명의 여행자들이 걷고 있었다 / 아프리카에서 // 해가 내리쬐었다 / 그들에게 / 강하게

❷ The land (was) / very dry. // The river (had) / no water / in it.

땅은 ~였다 / 매우 건조한 // 강은 없었다 / 물이 / 그 안에

❸ The travelers (sat down) / next to a big, ugly tree / for a break.

여행자들은 앉았다 / 크고 못생긴 나무 옆에 / 잠시 쉬기 위해

❹ They (were) / thirsty, but / their water bottles (were) / empty. // They (walked) / around the tree / to look for water.

그들은 ~였다 / 목이 마른 / 하지만 / 그들의 물병이 ~였다 / 비어 있는 // 그들은 걸었다 / 나무 주위를 / 물을 찾기 위해

❺ Suddenly, / one of them (climbed) / to the top of the tree. // There (was) a hole / and / it (was full of) water.

갑자기 / 그들 중 한 명이 올라갔다 / 나무 꼭대기로 / 구멍이 있었다 / 그리고 / 그것은 물로 가득 차 있었다

구문 There+is(was)+단수명사 / There+are(were)+복수명사

❻ The travelers (drank) / the water. // The baobab tree (saved) / their lives.

여행자들은 마셨다 / 그 물을 // 바오밥 나무가 구했다 / 그들의 생명을

❼ The baobab tree (is famous for) / funny look.

바오밥 나무는 ~으로 유명하다 / 재미있는 생김새

❽ Its bark (looks like) / elephant skin. // The branches

looks like / roots.

그것의 껍질은 ~처럼 보인다 / 코끼리 피부 // 나뭇가지는 ~처럼 보인다 / 뿌리

⑨ However, / this strange-looking tree can save / the lives / of people and animals.

그러나 / 이 이상하게 생긴 나무는 구할 수 있다 / 생명을 / 사람들과 동물들의

구문 형용사와 명사 사이에 하이픈(–)을 넣으면 품사가 형용사로 바뀐다. strange(형용사)+looking(명사) = strange-looking(형용사)

⑩ Animals use / the tree / like a drinking fountain. // Some animals / even / move in / and live / among the roots.

동물들은 이용한다 / 그 나무를 / 식수 샘으로 // 몇몇 동물들은 / 심지어 / 이사 온다 / 그리고 산다 / 뿌리 사이에서

지문해석 두 명의 여행자들이 아프리카에서 걷고 있었다. 해가 그들에게 강하게 내리쬐었다. 땅은 매우 건조했다. 강에는 물이 없었다. 여행자들은 잠시 쉬기 위해 크고 못생긴 나무 옆에 앉았다. 그들은 목이 말랐지만 물병이 비어 있었다. 그들은 물을 찾기 위해 나무 주위를 서성댔다. 갑자기 그들 중 한 명이 나무 꼭대기로 올라갔다. 구멍이 있었고 그 구멍은 물로 가득 차 있었다. 여행자들은 그 물을 마셨다. 바오밥 나무가 그들의 생명을 구했다.

바오밥 나무는 재미있는 생김새로 유명하다. 그것의 껍질은 코끼리 피부처럼 보인다. 나뭇가지는 뿌리처럼 보인다. 그러나 이 이상하게 생긴 나무는 사람들과 동물들의 생명을 구할 수 있다. 동물들은 식수 샘처럼 그 나무를 이용한다. 몇몇 동물들은 심지어 이사를 들어와 뿌리 사이에서 산다.

REVIEW TIME

pp. 16~17

1 (1) ⓑ   (2) ⓓ   (3) ⓐ

2 (1) thin   (2) handshake   (3) benefit
    (4) depression   (5) climb   (6) relax

3

k	w	d	r	o	o	t	h
f	o	u	n	t	a	i	n
i	s	d	b	g	a	t	p
e	a	i	k	u	x	l	g
j	f	o	f	h	m	e	v
h	e	a	l	u	c	p	m
b	t	h	i	r	s	t	y
s	y	r	y	b	j	z	a

(1) bumpy   (2) safety   (3) thirsty
(4) heal   (5) fountain   (6) root

4 (1) when   (2) soft
    (3) looks like   (4) when

5 (1) coldly → cold   (2) looks like → looks
    (3) feeling → feel   (4) do you → you

6 (1) listen to music when I feel sad
    (2) looks like a castle in a movie

4 (1) 전화했던 당시를 나타날 때는 '~할 때'라는 의미의 접속사 When이 알맞다. If는 '만약 ~하면'이라는 의미의 접속사이다.
해석 네가 전화했을 때, 나는 욕실에 있었다.
(2) '~하게 느껴지다'라는 뜻은 「feel+형용사」로 나타내므로 soft가 알맞다.
해석 그 실크 스카프는 부드럽게 느껴진다.
(3) '~인 것처럼 보이다'는 look like로 나타내며, like는 전치사이다.
해석 바오밥 나무의 껍질은 코끼리 피부처럼 보인다.
(4) '성장할 때'이므로 시간을 나타내는 접속사 When이 알맞다. Because는 '~ 때문에'라는 의미의 이유를 나타내는 접속사이다.
해석 새끼 두꺼비가 성장할 때, 땅으로 이동한다.

5 (1) '춥게 느꼈다'이므로 feel 뒤의 부사 coldly를 형용사 cold로 고친다.
해석 나는 어젯밤 추워서 잠에서 깼다.
(2) '매우 영리해 보인다'이고 형용사 smart가 왔으므로 looks like를 looks로 고친다.
해석 TV에 나오는 개는 매우 영리해 보인다.
(3) 「make+목적어+동사원형」 형태가 되어야 하므로 feeling을 feel로 고쳐야 한다.
해석 하루 한 번의 포옹은 당신을 행복하게 만든다.
(4) 접속사 when 뒤에는 「주어+동사」가 오므로 조동사 do를 삭제해야 한다.
해석 여러분이 누군가를 포옹할 때, 여러분은 안정감을 느낀다.

6 (1) 접속사 when 뒤에는 「주어+동사」가 오고 '~하게 느끼다'는 「feel +형용사」로 나타낸다.
(2) '~처럼 보이다'는 look like로 표현하고 뒤에는 명사(구)가 온다.

▶ 두 그림을 보고 서로 다른 곳 10군데를 찾아보세요.

04

p. 20

1 ③ **2** ②
FACT CHECK (1) F (2) T (3) T (4) F

1 번개가 피뢰침에 연결된 전선을 타고 땅으로 내려가 사라지는 원리에 대해 설명한 글이므로 글의 제목으로는 ③이 알맞다.

2 주어진 문장은 '어떤 사람들은 보호를 위해 피뢰침을 설치한다.'라는 문장으로 피뢰침에 대해 설명하는 도입부이므로 ②에 들어가는 것이 알맞다. 이어지는 문장의 These는 lightning rods를 가리킨다.

FACT CHECK

(1) 피뢰침은 긴 금속 막대기이다. (4) 번개가 사람을 치면 다치게 할 수 있기 때문에 보호하고자 피뢰침을 설치한다.

READ CLOSELY

p. 21

❶ Lightning (flashes) / across the sky.

번개는 번쩍인다 / 하늘을 가로질러

❷ It (points) down / toward the earth.

그것은 아래로 향한다 / 땅 쪽으로

❸ If the lightning hits / a house or tree, / it (can start) / a fire.

만약 번개가 친다면 / 집이나 나무를 / 그것은 일으킬 수 있다 / 화재를

❹ If it hits / people, / it (can hurt) / them.

만약 그것이 친다면 / 사람들을 / 그것은 다치게 할 수 있다 / 그들을
구문 can은 '~할 수 있다'는 뜻으로, 가능을 나타내는 조동사이다.

❺ These (are) / long metal poles.

이것들은 ~이다 / 긴 금속 막대기들

❻ People (put) them / high / on the roofs / of their houses.

사람들은 그것들을 세운다 / 높이 / 지붕 위에 / 그들의 집의

❼ A wire (runs) / from the rod / down into the ground.

전선이 이어진다 / 그 막대기로부터 / 땅속으로 내려와

❽ The lightning (doesn't hit) / the house.

번개가 치지 않는다 / 집을

❾ It (hits) / the rod / instead.

그것은 친다 / 막대기를 / 대신에

❿ Lightning (goes down) the rod / and the wire.

번개가 막대기로 내려간다 / 그리고 전선으로

⓫ It (ends up) / in the ground.

그것은 끝이 난다 / 땅속에서

⓬ Lightning (can't hurt) / anyone / there.

번개는 다치게 할 수 없다 / 아무도 / 거기서
구문 「not ~ anyone」은 '아무도 ~아니다'라는 의미이다.

⓭ Some people (put up) / lightning rods / for protection.

어떤 사람들은 설치한다 / 피뢰침을 / 보호를 위해

지문해석 번개는 하늘을 가로질러 번쩍인다. 그것은 땅 쪽 아래로 향한다. 만약 번개가 집이나 나무를 친다면, 그것은 화재를 일으킬 수 있다. 만약 그것이 사람들을 친다면, 그것은 그들을 다치게 할 수 있다. 어떤 사람들은 보호를 위해 피뢰침을 설치한다. 이것들은 긴 금속 막대기들이다. 사람들은 그들의 집의 지붕 위에 그것들을 높이 세운다. 전선이 그 막대기로부터 내려와 땅속으로 이어진다. 번개는 집을 치지 않는다. 그것은 대신에 막대기를 친다. 번개가 막대기로 내려와 전선을 타고 내려간다. 그것은 땅속에서 끝이 난다. 거기서 번개는 아무도 다치게 할 수 없다.

05

p. 22

1 ④ **2** (C) – (B) – (A)
SUMMARY MAP (1) earthquake (2) race (3) jump (4) bark (5) less

1 동물들이 지진이 일어나기 전에 평소와 다르게 행동한다는 내용이므로 빈칸에는 unusual(특이한)이 알맞다.
오답풀이 ① 정상적인 ② 똑똑한 ③ 좋은 ⑤ 위험한

2 앞에 나온 고양이 예시에 이어 또 다른 예시를 제시한다는 내용의 (C)가 먼저 오고, 개구리가 여느 때보다 더 뛴다는 (B)와 심지어 큰 소리를 내는 (A) 순서로 오는 것이 알맞다.

SUMMARY MAP

몇몇 동물들은 (1) 지진 전에 이상하게 행동한다.
고양이들은 무리를 지어 거리를 급히 (2) 달려 내려갈 수 있다.
개구리들은 팔짝팔짝 (3) 뛰고 시끄러운 소리를 낼 수 있다.
개들은 (4) 짖고, 말들은 원을 그리며 뛰어다니며, 소들은 우유를 (5) 더 적게 줄 수 있다.

READ CLOSELY

p. 23

❶ (Can) animals (sense) / an earthquake? // Yes, they (can).

동물들은 감지할 수 있을까 / 지진을 // 그렇다, 그들은 할 수 있다

❷ If your pets are acting / in an unusual way, / it (may be) / a sign of an earthquake.

만약 당신의 반려동물이 행동한다면 / 특이한 방식으로 / 그것은 ~일 수 있다 / 지진의 조짐
구문 may는 '~일지도 모른다'라는 뜻으로 추측을 나타내는 조동사이다.

❸ In Italy, / cats (raced) / down the street / in a group.

이탈리아에서 / 고양이들이 달려갔다 / 거리 아래로 / 무리를 지어

❹ Then, / an earthquake (happened) / a few hours later.

그러고 나서 / 지진이 발생했다 / 몇 시간 후에

구문 a few 뒤에는 셀 수 있는 복수명사가 온다.

❺ They even (made) / loud noises, / like big frogs.

그것들은 심지어 냈다 / 시끄러운 소리를 / 큰 개구리들처럼

❻ That night, / an earthquake (struck) / the city.

그날 밤 / 지진이 덮쳤다 / 그 도시를

❼ One day, / his frogs (jumped) around / more than ever.

어느 날 / 그의 개구리들은 팔짝팔짝 뛰었다 / 어느 때보다 더 많이

❽ For another example, / an American man (kept) / little pet frogs.

또 다른 예로 / 한 미국인은 키웠다 / 작은 애완 개구리들을

❾ Farm animals (can) also (sense) / an earthquake.

농장 동물들 또한 감지할 수 있다 / 지진을

❿ Before an earthquake, / they (behave) / strangely.

지진이 발생하기 전에 / 그것들은 행동한다 / 이상하게

⓫ Dogs suddenly (bark), / horses (run) around / in circles, / and / cows (give) / less milk.

개들이 갑자기 짖고 / 말들은 뛰어다니고 / 원을 그리며 / 그리고 / 소들은 준다 / 더 적은 우유를

지문해석 동물들은 지진을 감지할 수 있을까? 그렇다, 감지할 수 있다. 만약 당신의 반려동물이 특이한 방식으로 행동한다면, 그것은 지진의 조짐일 수 있다. 이탈리아에서 고양이들이 무리를 지어 거리를 급히 달려 내려갔다. 그러고 나서, 지진이 몇 시간 후에 발생했다. (C) 또 다른 예로, 한 미국인은 작은 애완 개구리들을 키웠다. (B) 어느 날, 그의 개구리들이 어느 때보다 더 많이 팔짝팔짝 뛰었다. (A) 그것들은 심지어 큰 개구리들처럼 시끄러운 소리를 냈다. 그날 밤, 지진이 그 도시를 덮쳤다. 농장 동물들 또한 지진을 감지할 수 있다. 지진이 발생하기 전에 그것들은 이상하게 행동한다. 개들이 갑자기 짖고, 말들은 원을 그리며 뛰어다니며, 소들은 우유를 더 적게 준다.

READING 06   p. 24

1 ⑤ 2 mix, activities

ORGANIZING MAP (1) heart (2) lose (3) muscles (4) burn

1 (e) '어떤 활동이라도 아무것도 하지 않는 것보다 낫다'는 내용이 오는 것이 알맞고 뒤에 than이 나왔으므로 better가 알맞다.

2 다양한 활동에 대해 설명하고 여러 가지 활동을 모두 섞어서 하는 것이 건강에 가장 좋다고 말하고 있으므로, 빈칸에는 mix와 activities가 알맞다.

해석 여러 가지 다른 활동을 섞어서 하는 것이 당신의 건강에 가장 좋다.

ORGANIZING MAP

활동	이점	
달리기, 수영, 걷기	이 활동들은 당신의 (1)심장을 강하게 한다.	이 활동들은 당신이 체중을 (2)줄이는 데 도움을 준다.
뛰어오르기, 역기 들기	당신의 (3)근육이 더 커지고 당신의 몸이 더 튼튼해진다.	그것들은 당신이 지방을 (4)태우는 데 도움을 준다.

READ CLOSELY   p. 25

❶ (Do) you (want) / to keep fit? // Regular exercise (will keep) you / strong, thin, and healthy.

당신은 원하는가 / 건강을 유지하기를 // 규칙적인 운동이 당신을 유지시켜 줄 것이다 / 튼튼하고 날씬하고 건강하게

❷ But / you (have to do) / various activities.

하지만 / 당신은 해야 한다 / 다양한 활동을

❸ First, / activities like running, swimming, and walking / (make) your body / take in / more oxygen / than normal.

먼저 / 달리기, 수영, 걷기와 같은 활동은 / 당신의 신체가 ~하게 한다 / 들이마시게 / 더 많은 산소를 / 평소보다

구문 「make+목적어+동사원형」은 '~을 …하게 하다'라는 뜻이다.

❹ When you do / them, / your breathing and heart rate (go up).

당신이 할 때 / 그것들을 / 당신의 호흡과 심장박동수가 올라간다

❺ These activities (strengthen) / your heart / and (help) / you / lose weight.

이 활동들은 튼튼하게 한다 / 당신의 심장을 / 그리고 도와준다 / 당신이 / 체중을 줄이도록

구문 help의 목적격보어로 to부정사와 동사원형이 모두 올 수 있다.

❻ In contrast, / you (need) / power / when you do / jumping and weightlifting.

반대로 / 당신은 필요로 한다 / 힘을 / 당신이 할 때 / 뛰어오르기와 역기 들기를

❼ So / your muscles (get) bigger / and / your body (gets) stronger.

그래서 / 당신의 근육은 더 커진다 / 그리고 / 당신의 몸은 더 튼튼해진다

❽ These exercises (help) / you / burn fat. // They (will) also (make) / your bones / stronger.

이 운동들은 도와준다 / 당신이 / 지방을 태우도록 // 그것들은 또한 만들 것이다 / 당신의 뼈를 / 더 튼튼하게

❾ Any activity (is) better / than doing nothing.

어떤 활동이라도 낫다 / 아무것도 하지 않는 것보다

⑩ However, / doing a mix of activities (has) / the greatest benefit.

하지만 / 활동들을 섞어서 하는 것이 갖는다 / 가장 큰 이점을

⑪ So /(do)/ many different activities. // It (is) best / for your health.

그러니 / 하라 / 여러 가지 다른 활동들을 // 그것이 가장 좋다 / 당신의 건강에

지문해석 당신은 건강을 유지하고 싶은가? 규칙적인 운동이 당신을 튼튼하고, 날씬하고, 건강하게 유지시켜 줄 것이다. 하지만 당신은 다양한 활동을 해야 한다. 먼저, 달리기, 수영, 걷기와 같은 활동은 당신의 신체가 평소보다 더 많은 산소를 들이마시게 한다. 그 활동들을 할 때 당신의 호흡과 심장박동수가 올라간다. 이 활동들은 당신의 심장을 강하게 하고 체중을 줄이는 데 도움을 준다. 반대로, 뛰어오르기와 역기 들기를 할 때는 힘을 필요로 한다. 그래서 당신의 근육이 더 커지고 몸은 더 튼튼해진다. 이 운동들은 당신이 지방을 태우는 데 도움을 준다. 또한 그것들은 당신의 뼈를 더 강하게 만들 것이다. 어떤 활동이라도 아무것도 하지 않는 것보다 낫다. 하지만 활동들을 섞어서 하는 것이 가장 큰 이점을 갖는다. 그러니 여러 가지 다른 활동을 하라. 그것이 당신의 건강에 가장 좋다.

REVIEW TIME

pp. 26~27

1 (1) ⓒ　　　　(2) ⓑ　　　　(3) ⓐ

2 (1) lightning　　(2) metal　　　(3) earthquake
　(4) muscle　　　(5) unusual　　(6) strike

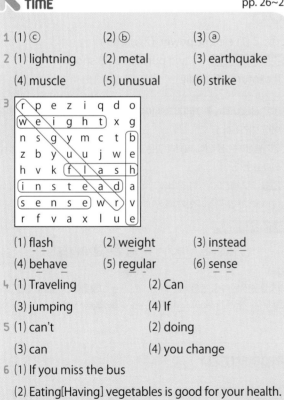

　(1) flash　　　(2) weight　　　(3) instead
　(4) behave　　(5) regular　　　(6) sense

4 (1) Traveling　　　　　(2) Can
　(3) jumping　　　　　(4) If

5 (1) can't　　　　　　(2) doing
　(3) can　　　　　　　(4) you change

6 (1) If you miss the bus
　(2) Eating[Having] vegetables is good for your health.

4 (1) '아프리카를 여행하는 것'이 주어이므로 명사 역할을 하는 동명사 Traveling이 알맞다.

해석 아프리카를 여행하는 것이 올해 내 계획이다.

(2) 질문에 대한 답이 Yes, I can.이므로 질문도 can으로 물어야 한다.

해석 내 수학 숙제 좀 도와줄래? – 응, 그래.

(3) 동사 do의 목적어이므로 동명사 jumping이 알맞다.

해석 뛰어오르기를 할 때는 힘을 필요로 한다.

(4) '만약 ~한다면'이라는 의미의 접속사 If가 알맞다.

해석 만약 번개가 집이나 나무를 친다면, 그것은 화재를 일으킬 수 있다.

5 (1) 「Can+주어+동사원형 ~?」에 대한 부정의 대답은 「No, 주어+can't.」이므로 can을 can't로 고친다.

해석 네 컴퓨터 써도 돼? – 아니, 안 돼.

(2) 전치사 뒤에는 명사가 오므로 do를 동명사인 doing으로 고친다.

해석 어떤 활동이라도 아무것도 하지 않는 것보다 낫다.

(3) 「Can+주어+동사원형 ~?」에 대한 긍정의 대답은 「Yes, 주어+can.」이므로 do를 can으로 고친다.

해석 동물들이 지진을 감지할 수 있을까? – 그렇다, 그들은 할 수 있다.

(4) 접속사 if 뒤에는 「주어+동사」가 오므로 change you를 you change로 고친다.

해석 네가 마음을 바꾼다면 너는 기회를 얻을 수 있다.

6 (1) 접속사 if 뒤에는 「주어+동사」가 오고, '그 버스를 놓치다'는 miss the bus, '지각하다'는 be late로 나타낸다.

(2) 동명사는 동사에 -ing를 붙인 형태로 쓰며 '채소를 먹는 것'은 eating[having] vegetables로 나타낸다.

Play Time

p. 28

▶ 이 암호에서, 첫 번째 글자는 주변의 모양이고, 두 번째 글자는 안에 점이 들어있는 모양을 나타내요.

주어진 힌트로 다음 암호를 풀어 보세요.
정답: 1 BARK
2 RACE
3 GROUND
4 OXYGEN

07 p. 30

1 ② 2 ⑤

FACT CHECK (1) T (2) F (3) F (4) T

1 오리 먹이가 있는지 또 물으면 점원이 전날 경고한 대로 물갈퀴에 못 박힐 것이므로, 오리 먹이가 있는지 묻기 전에 못이 있는지부터 물었을 것이다. 따라서 빈칸에 알맞은 말은 ② '못 있어요?'이다.

오답풀이 ① 당신이 여기 점원인가요? ③ 오리 먹이는 얼마인가요? ④ 사람들이 먹는 음식이 있나요? ⑤ 오리 먹이 좀 주세요.

2 점원이 오리 먹이가 있는지 다시 물으면 물갈퀴를 바닥에 못 박아 버리겠다고 하자, 다음 날 오리가 못이 있는지 먼저 물은 후에 똑같은 질문을 다시 했으므로 점원이 황당할 것임을 유추할 수 있다.

FACT CHECK

(2) 슈퍼마켓에서는 오리 먹이는 팔지 않지만 사람이 먹는 음식은 판다.

(3) 점원이 오리에게 물갈퀴를 바닥에 못 박아 버리겠다고 경고했지만, 못이 없어 못을 박지는 않았다.

READ CLOSELY p. 31

❶ A smart duck (walks into) / a supermarket, / (goes up to) the clerk, / and (asks), / "HEY! // (Do) you (have) / any duck food?"

한 영리한 오리가 걸어 들어간다 / 슈퍼마켓으로 / 점원에게 다가간다 / 그리고 묻는다 / 이봐요 // 당신은 가지고 있어요 / 오리 먹이를

구문 walks, goes, asks의 세 개의 동사가 등위접속사 and에 연결되어 있다.

❷ The clerk (looks at) / the duck / and (answers), / "No, / we (don't have) / any duck food. // Now (go away)!"

점원이 본다 / 오리를 / 그리고 대답한다 / 아니 / 우리는 가지고 있지 않아 / 오리 먹이를 // 자 썩 나가

구문 any가 부정문과 의문문에 쓰이면 '아무것도, 조금도, 어느 것도'라는 의미를 나타낸다.

❸ The next day, / the duck (returns to) / the supermarket / and (asks), / "HEY! // (Do) you (have) / any duck food?"

다음 날 / 오리는 돌아온다 / 슈퍼마켓에 / 그리고 묻는다 / 이봐요 // 당신은 가지고 있어요 / 오리 먹이를

❹ The clerk (is) / angry / now. // He (says), / "No! // We (sell) / people food / here.

점원은 ~이다 / 화가 난 / 이제 // 그는 말한다 / 아니 // 우리는 팔아 / 사람들이 먹는 음식을 / 여기서

❺ If you come and ask / that / one more time, / I'm going to nail) / your flippers / to the floor!"

만약 네가 와서 묻는다면 / 그것을 / 한 번 더 / 나는 못 박을 거야 / 네 물

갈퀴를 / 바닥에

❻ The third day, / the duck (goes into) / the store / again / and (asks), / "HEY! // (Do) you (have) / any nails?"

세 번째 날 / 오리는 들어간다 / 가게에 / 다시 / 그리고 묻는다 / 이봐요 // 당신은 가지고 있어요 / 못을

❼ The clerk (says), / "No. // Why?"

점원은 말한다 / 아니 // 왜

❽ Then / the duck (asks), / "Do you (have) / any duck food?"

그러자 / 오리는 묻는다 / 당신은 가지고 있어요 / 오리 먹이를

지문해석 한 영리한 오리가 슈퍼마켓에 걸어 들어가, 점원에게 가서 "이봐요! 오리 먹이 있어요?"라고 묻는다. 점원이 오리를 보고 "아니, 오리 먹이는 없어. 자 썩 나가!"라고 대답한다. 다음 날 오리는 슈퍼마켓에 돌아와서 "이봐요! 오리 먹이 있어요?"라고 묻는다. 이제 점원은 화가 난다. 그는 "없어! 우리는 여기서 사람들이 먹는 음식을 팔아. 만약 와서 한 번만 더 그것을 물어보면, 네 물갈퀴를 바닥에 못 박아 버릴 줄 알아!"라고 말한다. 세 번째 날, 그 오리는 가게에 다시 가서 "이봐요! 못 있어요?"라고 묻는다. 점원은 "아니. 왜?"라고 말한다. 그러자 오리는 "오리 먹이 있어요?"라고 묻는다.

08 p. 32

1 ① 2 (1) electric power (2) battery
SUMMARY MAP (1) two purposes (2) shock
(3) capture (4) easily

1 ①은 electricity를 가리키고, 나머지는 모두 an electric eel(전기뱀장어)을 가리킨다.

2 전기뱀장어는 몸 안에 배터리 같은 것이 있어서 전기를 만들고 저장할 수 있다고 했다.

해석 전기뱀장어는 (1) 전기를 만들고 저장할 수 있는데 자신의 몸 안에 (2) 배터리 같은 것이 있기 때문이다.

SUMMARY MAP

전기뱀장어는 (1) 두 가지 목적을 위해 전기를 사용한다.	
사냥	**이동**
그것들은 작은 수중 동물들을 (2) 감전시켜서 먹잇감으로 (3) 포획한다.	전기는 그것들이 (4) 쉽게 길을 찾는 것을 가능하게 한다.

READ CLOSELY p. 33

❶ (Imagine) / that you have / electricity / in your body. // (Would) you (feel) / it?

상상해 보라 / 당신이 가지고 있다고 / 전기를 / 당신의 몸에 // 당신은 느낄 수 있을까 / 그것을

구문 that은 명사절을 이끄는 접속사로, 이 문장에서는 that절이 Imagine의 목적어로 쓰였다.

❷ It (would shock) / you. // You (would feel) / shocks / all the time.

그것은 감전시킬 것이다 / 당신을 // 당신은 느낄 것이다 / 충격을 / 항상

❸ Interestingly, / an electric eel (has) / electricity / in its body, but / it never (feels) anything.

흥미롭게도 / 전기뱀장어는 가지고 있다 / 전기를 / 그것의 몸 안에 / 하지만 / 그것은 결코 느끼지 못한다 / 아무것도

❹ This fish (has) / something like a battery / in it.

이 물고기는 가지고 있다 / 배터리 같은 것을 / 그것 안에

❺ That('s) / how it can make and store / electric power.

그것이 ~이다 / 전기뱀장어가 만들고 저장할 수 있는 방법 / 전기를

❻ Electric eels (use) / their electricity / for two purposes.

전기뱀장어는 사용한다 / 그들의 전기를 / 두 가지 목적으로

❼ They (use) / electric power / to hunt.

그것들은 사용한다 / 전기를 / 사냥하기 위해

❽ They (shock) / small water animals / and / (capture) / them / for food.

그것들은 감전시킨다 / 작은 수중 동물들을 / 그리고 / 포획한다 / 그것들을 / 먹잇감으로

❾ Secondly, / they (use) / electricity / when they travel.

두 번째로 / 그것들은 사용한다 / 전기를 / 그것들이 이동할 때

❿ They usually (live) / in dark places / underwater.

그것들은 보통 산다 / 어두운 곳에서 / 물속에

⓫ Electricity (allows) / them / to find their way / easily.

전기는 가능하게 한다 / 그것들이 / 길을 찾는 것을 / 쉽게

구문 「allow+목적어+to-v」는 '~가 …하는 것을 가능하게 하다'라는 의미이다.

지문해석 당신의 몸에 전기가 흐른다고 상상해보라. 당신은 전기를 느낄 수 있을까? 그것은 당신을 감전시킬 것이다. 당신은 항상 충격을 느낄 것이다. 흥미롭게도, 전기뱀장어는 몸 안에 전기를 가지고 있지만 결코 아무것도 느끼지 못한다. 이 물고기는 몸 안에 배터리 같은 것을 가지고 있다. 그것이 전기뱀장어가 전기를 만들고 저장할 수 있는 방법이다.

전기뱀장어는 두 가지 목적으로 전기를 사용한다. 그것들은 사냥하기 위해 전기를 사용한다. 그것들은 작은 수중 동물들을 감전시켜서 먹잇감으로 포획한다. 두 번째로, 그것들은 이동할 때 전기를 사용한다. 그것들은 보통 물속 어두운 곳에서 산다. 전기는 그것들이 쉽게 길을 찾는 것을 가능하게 한다.

09 p. 34

1 ⑤　**2** 마을 사람들이 얼굴을 찡그렸기 때문에

ORGANIZING MAP (1) hate　(2) hate　(3) friendship

---

1 미소를 서로 다른 의미로 받아들이는 두 집단의 일화를 통해 장소에 따라 같은 제스처가 다른 의미를 지닐 수 있음을 말하고 있다. 따라서 제목으로 ⑤ '다른 의미가 있는 같은 제스처'가 알맞다.

오답풀이 ① 여행 전에 해야 할 일　② 낯선 사람들을 맞이하는 재미있는 방법　③ 미소: 감정을 공유하는 좋은 방법　④ 사람들이 왜 새로운 장소로 여행을 가는가

2 세 번째 문장과 네 번째 문장으로 보아, '여행자는 미소를 지었지만 마을 사람들은 얼굴을 찡그렸기 때문'이다.

ORGANIZING MAP

	미소의 의미	찡그림의 의미
여행자에게	친목	(1) 증오
마을 사람들에게	(2) 증오	(3) 우정

READ CLOSELY　　　　　p. 35

❶ A man (took) a trip / to another village.

한 남자가 여행을 갔다 / 다른 마을로

❷ People / in the town / (came out) / of their houses / to see him.

사람들은 / 마을에 있는 / 나왔다 / 그들의 집에서 / 그를 맞이하기 위해

구문 to see는 '맞이하기 위해서'라는 뜻으로 목적을 나타내는 to부정사의 부사적 용법이다.

❸ He (smiled) / at them / instead of saying hello.

그는 미소를 지었다 / 그들에게 / 인사말 대신에

❹ However, / the villagers (frowned) / at him.

하지만 / 그 마을 사람들은 얼굴을 찡그렸다 / 그에게

❺ The man (was) / embarrassed, / but / he (gave) / them / a big smile / again.

그 남자는 ~였다 / 당황스러운 / 하지만 / 그는 주었다 / 그들에게 / 큰 미소를 / 다시

구문 「give+간접목적어+직접목적어」는 '~에게 …을 주다'라는 뜻이다.

❻ They then (came) / closer / to him / and / (smiled) / like him.

그러자 마을 사람들은 왔다 / 더 가까이 / 그에게 / 그리고 / 미소를 지었다 / 그처럼

❼ After a while, / they (started) / to attack him.

잠시 후 / 그들은 시작했다 / 그를 공격하기

❽ Surprisingly, / smiles (meant) / hate / and / frowns (meant) / friendship / there!

놀랍게도 / 미소는 의미했다 / 증오를 / 그리고 / 찡그림은 의미했다 / 우정을 / 그곳에서

❾ This story (could happen) / to you / as well.

이 이야기는 일어날 수 있다 / 당신에게 / 역시

^⑩Are you going to visit / a new place?

당신은 방문할 예정인가 / 새로운 곳을

^⑪Then, / you will see / new body gestures / there.

그렇다면 / 당신은 보게 될 것이다 / 새로운 몸짓언어(제스처)를 / 그곳에서

^⑫One of their gestures could have / a different meaning / to you.

그들의 제스처 중 하나가 가질 수도 있다 / 다른 의미를 / 당신에게

지문해석 한 남자가 다른 마을로 여행을 갔다. 마을 사람들은 그를 맞이하기 위해 자신들의 집에서 나왔다. 그는 마을 사람들에게 인사말 대신에 미소를 지었다. 하지만, 그 마을 사람들은 그에게 얼굴을 찡그렸다. 그 남자는 당황했지만, 다시 그들에게 미소를 활짝 지었다. 그러자 마을 사람들이 그에게 더 가까이 와서 그처럼 미소를 지었다. 잠시 후, 그들은 그를 공격하기 시작했다. 놀랍게도, 그곳에서는 미소가 증오를 의미하고 찡그림이 우정을 의미했던 것이다! 이 이야기는 당신에게도 일어날 수 있는 일이다. 당신은 새로운 곳을 방문할 예정인가? 그렇다면, 당신은 그곳에서 새로운 몸짓언어(제스처)를 보게 될 것이다. 그들의 제스처 중 하나가 당신에게 다른 의미를 가질 수도 있다.

REVIEW TIME

pp. 36~37

1 (1) ⓒ   (2) ⓐ   (3) ⓑ

2 (1) gesture   (2) clerk   (3) embarrassed

   (4) capture   (5) third   (6) village

3
r	b	v	e	y	f	y	f
l	t	a	l	l	o	w	r
n	o	w	c	u	o	p	o
a	w	h	s	m	r	t	w
i	m	a	g	i	n	e	n
l	x	a	t	t	a	c	k
s	p	u	r	p	o	s	e
g	n	d	z	i	u	a	q

(1) frown   (2) nail   (3) imagine

(4) attack   (5) purpose   (6) allow

4 (1) to nail   (2) is sometimes

(3) them   (4) always go

5 (1) arriving → arrive

(2) to → 삭제

(3) go → going

(4) live usually → usually live

6 (1) always eat lunch at noon

(2) gave her a birthday gift

4 (1) '못 박아 버릴 것이다'라는 미래의 계획이므로 「be going to＋동사원형」 형태인 to nail이 알맞다.

해석 나는 네 물갈퀴를 바닥에 못 박아 버릴 것이다!

(2) 빈도부사는 be동사 뒤에 오므로 is sometimes가 알맞다.

해석 Amy는 이따금 학교에 지각한다.

(3) 「give＋간접목적어＋직접목적어」 형태로 쓰이므로 간접목적어 them이 알맞다.

해석 그 남자는 다시 그들에게 활짝 미소를 지었다.

(4) 빈도부사는 일반동사 앞에 오므로 always go가 알맞다.

해석 나는 항상 버스로 학교에 간다.

5 (1) be going to 뒤에는 동사원형이 오므로 arriving을 arrive로 고친다.

해석 그는 5시에 서울에 도착할 예정이다.

(2) 「give＋간접목적어＋직접목적어」 형태이므로 직접목적어 앞에 전치사 to가 없어야 한다.

해석 엄마는 나에게 생일 선물을 주셨다.

(3) '~할 것이다, ~할 예정이다'는 「be going to＋동사원형」 형태이므로 go를 going으로 고친다.

해석 나는 이번 주말에 내 조부모님을 뵈러 갈 예정이다.

(4) 빈도부사 usually가 일반동사 live 앞으로 가야 한다.

해석 전기뱀장어는 보통 물속 어두운 곳에서 산다.

6 (1) 빈도부사 always는 일반동사 eat 앞에 온다.

(2) 「give＋간접목적어(~에게)＋직접목적어(…을)」 순서로 쓴다.

Play Time

p. 38

▶ 9개의 타원형이 되도록 모양들을 짝지으세요.

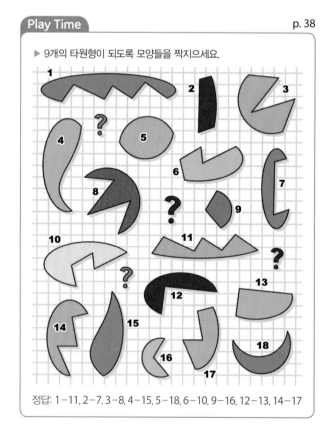

정답: 1–11, 2–7, 3–8, 4–15, 5–18, 6–10, 9–16, 12–13, 14–17

10 p. 40

1 ⑤ **2** ③

SUMMARY MAP

(1) texting (2) easy (3) little (4) symbols

1 빈칸 다음에 앞 내용과 관련된 예시를 보여 주고 있으므로 ⑤ For example(예를 들어)이 알맞다.

오답풀이 ① 그래서 ② ~ 대신에 ③ 다음으로 ④ 마침내

2 줄임말은 적은 공간과 시간을 필요로 한다고 했다.

SUMMARY MAP

줄임말	
언제	사람들은 (1)문자메시지를 보낼 때 줄임말 쓰기를 좋아한다.
왜	줄임말은 입력하기 (2)쉽고 (3)적은 공간과 시간을 필요로 한다.
무엇	사람들은 문자, 숫자, 혹은 (4)기호를 사용한다.

READ CLOSELY p. 41

❶ *2moro. GR8. J/K.* // Are you familiar with / these short expressions?

2moro. GR8. J/K. // 당신은 익숙한가 / 이러한 줄임말들에

❷ What do they mean? // They mean / *tomorrow, great,* and *just kidding.*

그것들은 무엇을 의미하는가 // 그것들은 ~을 뜻한다 / '내일', '훌륭한', 그리고 '그냥 농담이야'

❸ People love / to use them / when they're texting / with their mobile phones.

사람들은 좋아한다 / 그것들을 사용하기를 / 그들이 문자를 보낼 때 / 그들의 휴대전화로

❹ They are easy / to type, / so people use them / a lot.

그것들은 쉽다 / 입력하기 / 그래서 사람들은 그것들을 사용한다 / 많이

❺ These short expressions need / little space and time.

이러한 줄임말들은 ~을 필요로 한다 / 적은 공간과 시간을

❻ For all short expressions, / people use / letters, numbers, or symbols.

모든 줄임말에 / 사람들은 사용한다 / 글자, 숫자, 혹은 기호를

❼ A single letter or number sometimes expresses / a whole word.

철자 혹은 숫자 하나가 때로는 나타낸다 / 단어 전체를

❽ For example, / "Y" is used for "why" / and "2" for "to."

예를 들어 / 'Y'는 'why'에 사용된다 / 그리고 '2'는 'to'에

❾ But / you should be / careful.

하지만 / 당신은 ~해야 한다 / 주의 깊은

❿ Don't use / these expressions / in your school papers.

사용하지 마라 / 이러한 표현들을 / 당신의 학교 과제에

구문 부정명령문은 「Don't+동사원형」 형태로 쓴다.

⓫ Use them / in informal situations / only.

그것들을 사용해라 / 비공식적인 상황에서 / 단지

지문해석 2moro. GR8. J/K. 당신은 이런 줄임말들에 익숙한가? 그것들의 의미는 무엇인가? 그것들은 '내일', '훌륭한' 그리고 '그냥 농담이야'를 뜻한다. 사람들은 자신의 휴대전화로 문자 메시지를 보낼 때 그것들을 사용하기를 좋아한다. 그것들이 입력하기 쉬워서 사람들이 많이 사용한다. 이러한 줄임말들은 적은 공간과 시간을 필요로 한다. 모든 줄임말에 사람들은 글자, 숫자, 혹은 기호를 사용한다. 철자 혹은 숫자 하나가 때로는 단어 전체를 나타내기도 한다. 예를 들어, 'Y'는 'why'에 사용되고, '2'는 'to'에 사용된다. 하지만 당신은 주의해야 한다. 당신의 학교 과제에 이러한 표현들을 사용하지 마라. 비공식적인 상황에서만 그것들을 사용해라.

11 p. 42

1 celebrate **2** ②

ORGANIZING MAP (1) happiness (2) long life (3) wealth (4) new growth (5) good luck

1 '중국 사람들이 새해를 어떻게 축하하는지'에 대한 내용이므로, 빈칸에 알맞은 말은 celebrate(축하하다)이다.

2 부모들이 나눠 주는 봉투의 색이 빨간색이고, 봉투 위에 황금색 글자들이 쓰여 있다고 했으므로 ②는 글의 내용과 일치하지 않는다.

ORGANIZING MAP

중국의 새해맞이	빨간색: (1) 행복
	국수: (2) 장수
	오렌지: (3) 부유함
	꽃: (4) 새로운 성장
	황금색 글자: (5) 행운

READ CLOSELY p. 43

❶ Chinese people celebrate / the New Year / with a nice dinner.

중국 사람들은 축하한다 / 새해를 / 근사한 만찬과 함께

❷ They paint / the dinner table / red / or / cover / the table / with a red tablecloth.

그들은 칠한다 / 만찬용 식탁을 / 빨간색으로 / 또는 / 덮는다 / 식탁을 / 빨간색 식탁보로

구문 「paint+목적어+색깔 형용사」는 '~을 …색으로 칠하다'라는 의미이다.

❸ Chinese people (like) / the color red / because it means / happiness / to them.

중국 사람들은 좋아한다 / 빨간색을 / 그것이 의미하기 때문이다 / 행복을 / 그들에게

❹ They (set) the table / with different kinds of foods.

그들은 식탁을 차린다 / 다양한 종류의 음식으로

❺ They (eat) / noodles / together / for long life.

그들은 먹는다 / 국수를 / 함께 / 장수를 위해서

❻ Oranges (mean) / wealth, / so they (eat) / oranges, / too.

오렌지는 뜻한다 / 부를 / 그래서 그들은 먹는다 / 오렌지를 / 또한

❼ They also (put) / flowers / on the table / because they mean / new growth / after the long winter.

그들은 또한 놓는다 / 꽃들을 / 식탁 위에 / 그것들이 뜻하기 때문이다 / 새로운 성장을 / 긴 겨울 이후에

❽ Parents (give) / their children / lucky money.

부모들은 준다 / 그들의 자녀들에게 / 행운의 돈을

❾ When parents give out / money, / they (put) / it / in a red envelope.

부모들이 나눠 줄 때 / 돈을 / 그들은 넣는다 / 그것을 / 빨간색 봉투 안에

❿ There (are) / some gold letters / on the envelope.

~이 있다 / 몇몇 황금색 글자들이 / 봉투 위에

구문 「There+be동사」 뒤에 복수명사가 왔으므로 be동사로 복수형 are를 썼다.

⓫ Gold letters (mean) / "good luck."

황금색 글자들은 의미한다 / '행운'을

지문해석 중국 사람들은 근사한 만찬과 함께 새해를 축하한다. 그들은 만찬용 식탁을 빨간색으로 칠하거나 식탁을 빨간색 식탁보로 덮는다. 중국 사람들은 빨간색을 좋아하는데 그것이 그들에게 행복을 의미하기 때문이다. 그들은 다양한 종류의 음식으로 식탁을 차린다. 그들은 장수를 위해서 국수를 함께 먹는다. 오렌지는 부를 의미하고, 그래서 그들은 오렌지도 먹는다. 그들은 또한 식탁 위에 꽃을 올려놓는데 꽃이 긴 겨울 이후에 새로운 성장을 뜻하기 때문이다. 부모들은 자녀들에게 행운의 돈을 준다. 부모들이 돈을 나눠 줄 때, 그들은 그것을 빨간색 봉투 안에 넣는다. 봉투 위에는 몇몇 황금색 글자들이 있다. 황금색 글자들은 '행운'을 의미한다.

READING **12** p. 44

1 ② 2 ④
FACT CHECK (1) F (2) F (3) T (4) T

---

1 빨간색 열매가 있는 식물을 먹고 잠을 자지 않는 염소들을 보고 Kaldi가 커피를 발견하게 되었다는 내용이므로, 제목으로 ② '커피는 어떻게 발견되었는가'가 알맞다.

오답풀이 ① 커피콩은 어디에서 자라는가 ③ 왜 우리는 동물들을 주의 깊게 지켜보는가 ④ 커피는 어떻게 사람들에게 영향을 주는가 ⑤ 우리가 염소들을 어떻게 깨어 있게 하는가

2 염소들이 잠을 안 자고 시끄럽게 하는 이유를 알 수 없어서 염소들을 주의 깊게 관찰했더니 염소들이 빨간색 열매가 있는 식물을 먹고 있었다는 내용의 (C)가 먼저 오고, Kaldi가 그 열매를 맛보기로 결심했다는 내용의 (A)가 나온 후에, Kaldi가 그 열매를 먹고 다르게 느끼기 시작했다는 내용인 (B)가 이어지는 것이 알맞다.

FACT CHECK
(1) Kaldi의 염소들은 잠을 안 자고 매우 시끄러웠다. (2) 열매 가운데에는 딱딱한 부분이 있었다.

READ CLOSELY p. 45

❶ Kaldi (was) / tired, / but / he (couldn't sleep).

Kaldi는 ~였다 / 피곤한 / 하지만 / 그는 잠을 잘 수 없었다

❷ His goats (were) / awake / and / very noisy.

그의 염소들이 ~였다 / 깨어 있는 / 그리고 / 매우 시끄러웠다

❸ 'Why / (can't they sleep)?' / Kaldi (thought).

왜 / 그들이 잠을 못자는 걸까 / Kaldi는 생각했다

구문 의문사가 있는 의문문은 「의문사+조동사+주어+동사원형?」의 형태로 쓴다.

❹ Kaldi (decided) / to taste / the fruit.

Kaldi는 결심했다 / 맛보기로 / 그 열매를

❺ He (ate) / the soft part / of each fruit / and / the hard thing / in the center.

그는 먹었다 / 부드러운 부분을 / 각 열매의 / 그리고 / 딱딱한 것을 / 가운데에 있는

❻ After a minute, / he (began) / to feel different.

1분 후에 / 그는 시작했다 / 다르게 느끼기

❼ He (was not) / tired.

그는 ~하지 않았다 / 피곤한

❽ He (felt) / more awake / and / (did not want) / to sleep.

그는 느꼈다 / 더 깨어 있다고 / 그리고 / 원하지 않았다 / 잠을 자기를

구문 형용사 awake의 비교급은 앞에 more를 붙여 준다.

❾ He (couldn't understand) / the problem, / so he (watched) / the animals / carefully.

그는 이해할 수 없었다 / 그 문제를 / 그래서 그는 관찰했다 / 그 동물들을 / 주의 깊게

❿ They (were eating) / some green plants / with little red fruit / on them.

그들은 먹고 있었다 / 어떤 초록색 식물들을 / 작은 빨간색 열매가 있는 / 그것들 위에

⑪ Those hard things (were) / coffee beans, / and / Kaldi (discovered) / them / in Ethiopia / more than 1,000 years ago.

그 딱딱한 것들은 ~이었다 / 커피콩들 / 그리고 / Kaldi는 발견했다 / 그것들을 / 에티오피아에서 / 1,000년 이상 전에

지문해석 Kaldi는 피곤했지만 잠을 잘 수 없었다. 그의 염소들이 깨어 있었고 매우 시끄러웠다. '왜 그들이 잠을 못자는 걸까?'라고 Kaldi는 생각했다. (C) 그는 그 문제를 이해할 수 없었고, 그래서 그 동물들을 주의 깊게 관찰했다. 그들은 위에 작은 빨간색 열매가 있는 어떤 초록색 식물들을 먹고 있었다. (A) Kaldi는 그 열매를 맛보기로 결심했다. 그는 각 열매의 부드러운 부분과 가운데에 있는 딱딱한 것을 먹었다. (B) 1분 후에 그는 다르게 느끼기 시작했다. 그는 피곤하지 않았다. 그는 더 깨어 있다고 느꼈고 잠을 자고 싶지 않았다. 그 딱딱한 것들은 커피콩들이었고, Kaldi는 1,000년 이상 전에 에티오피아에서 그것들을 발견했다.

REVIEW TIME

pp. 46~47

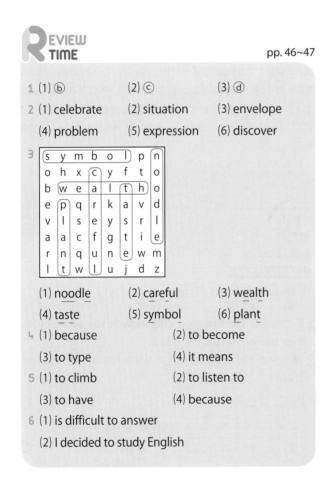

1 (1) ⓑ   (2) ⓒ   (3) ⓓ

2 (1) celebrate   (2) situation   (3) envelope
   (4) problem   (5) expression   (6) discover

3
```
s y m b o l p n
o h x c y f t o
b w e a l t h o
e p q r k a s d
v l s e y s t l
a l a c f g r i e
r n q u n e w m
l t w l u j d z
```
  (1) noodle   (2) careful   (3) wealth
  (4) taste   (5) symbol   (6) plant

4 (1) because   (2) to become
  (3) to type   (4) it means

5 (1) to climb   (2) to listen to
  (3) to have   (4) because

6 (1) is difficult to answer
  (2) I decided to study English

4 (1) '추웠기 때문에'라는 뜻의 이유를 나타내는 접속사가 필요하므로 because가 알맞다.
해석 나는 코트를 입었는데 날이 추웠기 때문이었다.
(2) decide는 to부정사를 목적어로 취하는 동사이므로 to become이 알맞다.
해석 그는 마술사가 되기로 결심했다.

(3) '입력하기에 쉬운'이므로 형용사 easy를 수식하는 to부정사인 to type이 알맞다.
해석 줄임말들은 입력하기가 쉽다.
(4) because 뒤에 「주어+동사」가 오므로 it means가 알맞다.
해석 중국 사람들은 빨간색을 좋아하는데 그것이 그들에게 행복을 의미하기 때문이다.

5 (1) '올라가기에 어려운'이라는 뜻이 되어야 하므로 형용사 difficult를 수식하는 to부정사인 to climb으로 고친다.
해석 그 산은 올라가기가 어렵다.
(2) '듣기에 좋은'의 뜻을 나타내도록 형용사 good을 수식하는 to부정사인 to listen to로 고친다.
해석 그의 음악은 듣기에 좋다.
(3) decide의 목적어이므로 to부정사 형태인 to have로 써야 한다.
해석 우리는 Anne을 위해 파티를 열기로 결정했다.
(4) because 뒤에 「주어+동사」가 오고, because of 뒤에는 명사(구)가 오므로 because로 고친다.
해석 그녀는 다리가 아파서 천천히 걸었다.

6 (1) to부정사 to answer가 형용사 difficult를 수식한다.
(2) decide는 to부정사를 목적어로 취한다.

Play Time

p. 48

▶ 암호에 있는 각 글자는 앞 글자와 일치해요.

주어진 힌트로 다음 암호를 풀어 보세요.

정답: 1 space
2 cover
3 informal
4 envelope

13　　　　　　　　　　　　　　　　　　　　p. 50

1 ⑤　**2** ③

FACT CHECK (1) T (2) F (3) T (4) F

1 수줍었던 Ben의 성격이 농구팀에 들어가면서 바뀌게 되었다는 내용이므로 confident 대신에 shy가 들어가는 것이 적합하다.

2 Ben은 수줍음이 많고 친구를 사귀는 데 서툴렀지만, 농구팀에 들어가고 나서는 훌륭한 의사소통 능력을 갖게 되었고, 팀도 잘 이끈다고 했으므로 ③ shy(수줍음이 많은) → confident(자신감이 있는)가 알맞다.

오답풀이 ① 행복한 → 친절한　② 미안한 → 편안한　④ 기쁜 → 지루한 ⑤ 질투하는 → 슬픈

FACT CHECK

(2) Jack이 Ben에게 농구팀에 가입하라고 했다. (4) 농구를 하면서 자신감을 가졌다.

READ CLOSELY　　　　　　　　　　　　　　p. 51

❶ Ben transferred / to a new school / last year.

Ben은 전학을 갔다 / 새로운 학교로 / 작년에

❷ Everything was / new / to him.

모든 것이 ~였다 / 새로운 / 그에게

❸ At that time, / he was / a shy boy / and / he wasn't good at / making friends.

그 당시에 / 그는 ~였다 / 수줍음이 많은 소년 / 그리고 / 그는 ~을 잘하지 못했다 / 친구들을 사귀는 것을

❹ In a gym class, / one of his classmates, Jack, asked / him / to join / the basketball team.

체육 시간에 / 그의 반 친구 중 하나인 Jack이 요청했다 / 그에게 / 들어오라고 / 농구팀에

구문 one of his classmates와 Jack은 동격이다.

❺ Ben loved / playing basketball, / but / he didn't play / on a team.

Ben은 무척 좋아했다 / 농구하기를 / 하지만 / 그는 (농구를) 하지 않았다 / 팀에서

❻ He played / alone. // After thinking, / he decided / to join the team.

그는 (농구를) 했다 / 혼자서 // 생각 끝에 / 그는 결정했다 / 그 팀에 들어가기로

❼ Ben's decision changed / his school life.

Ben의 결정은 바뀌었다 / 그의 학교생활을

❽ Now / he has / good communication skills / as well as / a healthy body.

이제 / 그는 가지고 있다 / 훌륭한 의사소통 능력을 / 뿐만 아니라 / 건강한 신체

❾ He is growing / taller and bigger. // He is even / the captain of the team.

그는 ~해지고 있다 / 키가 더 크고 체격도 더 커지고 // 그는 심지어 ~이다 / 팀의 주장

구문 「grow+비교급은 '더 ~해지다'라는 뜻이다.

❿ The coach knows / that he leads / the team / well.

코치는 알고 있다 / 그가 이끈다는 것을 / 팀을 / 잘

⓫ He was shy, / but / he isn't anymore.

그는 수줍음이 많았다 / 하지만 / 그는 더 이상 아니다

⓬ Sports gave / him / confidence.

스포츠가 주었다 / 그에게 / 자신감을

지문해석 Ben은 작년에 새로운 학교로 전학을 갔다. 모든 것이 그에게 새로웠다. 그 당시에, 그는 수줍음이 많은 소년이어서 친구들을 잘 사귀지 못했다. 체육 시간에, 그의 반 친구 중 하나인 Jack이 그에게 농구팀에 들어오라고 요청했다. Ben은 농구하기를 좋아했지만 팀으로 하지 않았다. 그는 혼자서 했다. 생각 끝에, 그는 팀에 들어가기로 결정했다.
Ben의 결정은 그의 학교생활을 바꾸었다. 이제 그는 건강한 신체뿐만 아니라 훌륭한 의사소통 능력도 가지고 있다. 그는 키가 더 커지고 체격도 더 커지고 있다. 그는 심지어 팀의 주장이다. 코치는 그가 팀을 잘 이끈다는 것을 알고 있다. 그는 수줍음이 많았지만, 더 이상은 아니다. 스포츠가 그에게 자신감을 주었다.

14　　　　　　　　　　　　　　　　　　　　p. 52

1 ③　**2** ability

SUMMARY MAP

(1) lesson (2) limits (3) grow (4) ability

1 두 번째 문장 The fish grow differently in size according to their environment.에서 알 수 있다.

2 '무엇인가를 하는 신체적 혹은 정신적 능력'을 나타내는 말은 ability(능력)이다.

SUMMARY MAP

코이 물고기의 (1)교훈: 당신의 능력을 제한하지 마라.		
그 물고기는 작은 어항에서 조금 자란다.	→	"난 할 수 없어"라고 말하는 것은 당신의 능력을 (2)제한한다.
그 물고기는 큰 호수에서 훨씬 더 크게 (3)자란다.	→	"난 할 수 있어"라고 말하면 당신의 (4)능력이 더 커진다.

READ CLOSELY　　　　　　　　　　　　　　p. 53

❶ Koi fish are / a kind of carp.

코이 물고기는 ~이다 / 잉어의 한 종류

구문 fish는 단수와 복수의 형태가 같다. 이 문장에서는 be동사가 are인 것으로 보아 복수형임을 알 수 있다.

② The fish (grow) / differently / in size / according to / their environment. // (Isn't) it / interesting?

코이 물고기는 자란다 / 다르게 / 크기가 / ~에 따라서 / 그것들의 환경 // ~하지 않은가 / 흥미로운

③ If you put / them / in a small fish bowl, / they only (grow) / up to five centimeters.

만약 당신이 넣으면 / 그것들을 / 작은 어항 / 그것들은 겨우 자란다 / 5센티미터까지

④ On the other hand, / if you put / them / in a large lake, / they (can grow) / up to one meter.

반면에 / 만약 당신이 넣으면 / 그것들을 / 큰 호수에 / 그것들은 자랄 수 있다 / 1미터까지

⑤ Koi fish (give) us / a lesson. // That is to say, / we (shouldn't limit) / our ability.

코이 물고기는 우리에게 준다 / 교훈을 / 말하자면 / 우리는 제한하지 말아야 한다 / 우리의 능력을

⑥ "I can't" (is) / like a small bowl.

"난 할 수 없어"는 ~이다 / 작은 어항과 같은

⑦ If you keep saying / "I can't do this. // I can't do that," / you (are limiting) / your ability.

만약 당신이 계속해서 말한다면 / 나는 이것을 할 수 없다 // 나는 저것을 할 수 없다 / 당신은 제한하고 있다 / 당신의 능력을

구문 「keep+v-ing」는 '계속 ~하다'라는 의미이다.

⑧ Instead, / (say) / "I can do that." // Then / you (are not limiting) / your ability.

대신에 / 말해라 / 나는 저것을 할 수 있다 // 그러면 / 당신은 제한하고 있지 않다 / 당신의 능력을

⑨ And / your ability (will grow) / bigger / like the koi fish / in the lake.

그리고 / 당신의 능력은 ~해질 것이다 / 더 크게 / 코이 물고기처럼 / 호수에 있는

지문해석 코이 물고기는 잉어의 한 종류이다. 코이 물고기는 그들의 환경에 따라서 크기가 다르게 자란다. 흥미롭지 않은가? 만약 당신이 그것들을 작은 어항에 넣으면, 그것들은 겨우 5센티미터까지 자란다. 반면에, 만약 당신이 그것들을 큰 호수에 넣으면, 그것들은 1미터까지 자랄 수 있다. 코이 물고기는 우리에게 교훈을 준다. 말하자면, 우리는 우리의 능력을 제한하지 말아야 한다는 것이다. "난 할 수 없어"는 작은 어항과 같다. 만약 당신이 계속해서 "난 이것을 할 수 없어. 난 저것을 할 수 없어."라고 말한다면, 당신은 당신의 능력을 제한하고 있는 것이다. 대신에, "난 저것을 할 수 있어."라고 말해라. 그러면 당신은 당신의 능력을 제한하고 있지 않는 것이다. 그리고 당신의 능력은 호수에 있는 코이 물고기처럼 더 커질 것이다.

1 ④ **2** It is black.

ORGANIZING MAP
(1) skirt (2) colorful (3) red (4) feathers

1 옷장 속에 있는 옷으로 박쥐 마녀 의상을 만드는 방법을 서술한 글이므로 ④ '박쥐 마녀 의상을 만드는 방법'이 알맞다.

오답풀이 ① 박쥐 마녀는 어떻게 생겼는가 ② 박쥐는 왜 마녀를 상징하는가 ③ 핼러윈 파티를 여는 방법 ⑤ 최고의 핼러윈 캐릭터는 무엇인가

2 a black shirt, a black skirt, a black scarf, a piece of black cloth, a black witch's hat를 통해 박쥐 마녀 의상에 주로 쓰인 색깔이 black(검은색)임을 알 수 있다.

해석 Q: 박쥐 마녀 의상에 주로 쓰인 색깔이 무엇인가?

ORGANIZING MAP

핼러윈용 박쥐 마녀 의상	
옷	검은색 셔츠, 검은색 (1)치마
장신구	(2)화려한 색깔의 타이츠, 검은색 스카프
신발	(3)빨간색 스니커즈
모자	(4)깃털과 검은색 박쥐 모양이 있는 검은색 마녀 모자

READ CLOSELY

p. 55

❶ A batty witch (looks like) / a bat / and / it (is) / one of the classic Halloween characters.

박쥐 마녀는 ~처럼 보인다 / 박쥐 / 그리고 / 그것은 ~이다 / 고전적인 핼러윈 캐릭터들 중 하나

❷ A batty witch costume (is) easy / to make.

박쥐 마녀 의상은 쉽다 / 만들기

구문 to make는 앞에 나온 형용사 easy를 수식하는 to부정사의 부사적 용법이다.

❸ Most items for this costume / (are) / probably / right / in your closet!

이 의상의 대부분의 물품들이 / 있다 / 아마도 / 바로 / 당신의 옷장 속에

❹ (Start) / with a black shirt / and a black skirt.

시작해라 / 검은색 셔츠로 / 그리고 검은색 치마로

❺ Then / (add) / colorful tights / and a black scarf.

그 다음 / 추가해라 / 화려한 색깔의 타이츠를 / 그리고 검은색 스카프를

❻ You (can wear) / your own style / of "ruby slippers."

당신은 신을 수 있다 / 자신만의 스타일의 / '루비 슬리퍼(마법 신발)'를

❼ You (may put on) / red sneakers!

당신은 신어도 좋다 / 빨간색 스니커즈를

❽ And then / (add) / some costume jewelry.

그리고 나서 / 추가해라 / 몇 개의 의상용 장신구를

⑨ (Put) / a piece of black cloth / around your shoulders / like a cape.

둘러라 / 한 조각의 검은색 천을 / 당신의 어깨 (주위)에 / 망토처럼

⑩ Finally, /(make)/ a black witch's hat.

마지막으로 / 만들어라 / 검은색 마녀 모자를

⑪ You(can put)/ feathers and black bat shapes / on the hat.

당신은 붙일 수 있다 / 깃털과 검은색 박쥐 모양을 / 모자에

⑫ Now, / why(don't)you(invite)/ your friends over / and / (have)a Halloween party?

이제 / 초대하는 것이 어떻겠는가 / 당신의 친구들을 집으로 / 그리고 / 핼러윈 파티를 여는 것이

구문 「Why don't you ~?」는 '~하는 게 어때?'라는 뜻으로 권유나 제안을 할 때 사용하는 표현이다.

지문해석 박쥐 마녀는 박쥐처럼 보이며 고전적인 핼러윈 캐릭터들 중 하나이다. 박쥐 마녀 의상은 만들기 쉽다. 이 의상의 대부분의 물품들이 아마도 바로 당신의 옷장 속에 있을 것이다! 검은색 셔츠와 검은색 치마로 시작해라. 그 다음 화려한 색깔의 타이츠와 검은색 스카프를 추가해라. 당신은 당신 자신만의 스타일의 '루비 슬리퍼(마법 신발)'를 신을 수 있다. 빨간색 스니커즈를 신어 보는 것이다! 그러고 나서 몇 개의 의상용 장신구를 추가해라. 검은색 천을 망토처럼 당신의 어깨에 둘러라. 마지막으로, 검은색 마녀 모자를 만들어라. 당신은 깃털과 검은색 박쥐 모양을 모자에 붙일 수 있다. 이제, 당신의 친구들을 집으로 초대해서 핼러윈 파티를 여는 것이 어떻겠는가?

REVIEW TIME

pp. 56~57

1 (1) ⓓ   (2) ⓐ   (3) ⓑ

2 (1) classmate   (2) confidence   (3) transfer
  (4) colorful   (5) probably   (6) environment

3
```
f d s h a p e h
e a b i l i t y
a b l e s s o n
t k z l t a u f
h r a g j r z c
e a z p r q f p
r c w i t c h y
c a p t a i n n
```
(1) lesson   (2) ability   (3) witch
(4) shape   (5) captain   (6) feather

4 (1) Be   (2) Start
  (3) are not   (4) well

5 (1) doing not → not doing   (2) than → as
  (3) work → working   (4) adding → add

6 (1) speaks Korean as well as Chinese
  (2) I am not telling a lie.

4 (1) '조심해'라는 명령문이므로 be동사의 원형인 Be가 알맞다.
  해석 칼 조심해.
  (2) '시작해라'라는 명령문이므로 동사원형인 Start가 알맞다.
  해석 검은색 셔츠와 검은색 치마로 시작해라.
  (3) 현재진행형 부정문은 「be동사의 현재형+not+동사원형-ing」의 형태이므로 are not이 알맞다.
  해석 "난 저것을 할 수 있어."라고 말해라. 그러면 당신은 당신의 능력을 제한하고 있지 않는 것이다.
  (4) 'B뿐만 아니라 A도'는 A as well as B로 나타낸다.
  해석 그는 건강한 신체뿐만 아니라 훌륭한 의사소통 능력도 갖고 있다.

5 (1) 현재진행형은 「be동사의 현재형+동사원형-ing」의 형태이고 부정문은 be동사 뒤에 not을 쓰므로 not이 doing 앞에 와야 한다.
  해석 그녀는 아무것도 하고 있지 않다.
  (2) A as well as B(B뿐만 아니라 A도) 형태로 쓰이므로 than을 as로 고친다.
  해석 나는 여자 형제뿐만 아니라 남자 형제도 있다.
  (3) be동사 뒤에 일반동사 원형이 올 수 없고 at the moment가 '현재, 지금'을 나타내므로, 현재진행형 부정문이 되도록 work를 working으로 고친다.
  해석 그는 한가하다. 그는 지금 일하고 있지 않다.
  (4) '추가해라'라는 명령문이므로 adding을 동사원형인 add로 고친다.
  해석 그러고 나서 화려한 색깔의 타이츠와 검은색 스카프를 추가해라.

6 (1) 'B뿐만 아니라 A도'는 A as well as B로 나타낸다.
  (2) '~하고 있지 않다'는 「be동사의 현재형+not+동사원형-ing」로 나타낸다.

Play Time   p. 58

▶ 상자 속의 그림을 사용해서 Ⓐ~ⓘ를 채우세요. 한 줄에 같은 그림이 두 번 나오면 안돼요.

정답: (Ⓐ~ⓘ번 순서대로) 4, 3, 5, 1, 2, 4, 4, 5, 1

16

p. 60

1 ① 2 ③

FACT CHECK (1) F (2) T (3) F (4) T

1 빈칸 다음에 '흰개미가 나무, 종이, 옷을 먹고, 집 안에 몰래 숨어 들어서 가구, 바닥, 벽에 피해를 입힐 수 있다'는 내용이 이어지므로, 빈칸에는 ① '그들은 많은 해를 끼칠 수 있다'가 알맞다.
오답풀이 ② 그들은 찾기가 쉽다 ③ 그들은 싸움을 잘 한다 ④ 그들은 빠르게 움직일 수 있다 ⑤ 그들은 하루 사이에 둥지를 만든다

2 흰개미의 크기, 식성, 사는 곳, 날개를 갖는 여왕 등 흰개미에 대한 여러 가지 사실들에 관한 내용이므로, 제목으로 ③ '흰개미에 대한 정보'가 알맞다.
오답풀이 ① 다양한 종류의 개미 ② 흰개미가 끼치는 피해 ④ 세상에서 가장 작은 곤충 ⑤ 개미와 흰개미의 차이

FACT CHECK
(1) 흰개미는 개미와 크기가 비슷하게 작다. (3) 여왕개미는 개미집마다 한 마리씩 있다.

READ CLOSELY

p. 61

❶ Termites (are) / little insects.
흰개미는 ~이다 / 작은 곤충

❷ They (are) often (called) / white ants.
그들은 종종 ~로 불린다 / 흰(색)개미

❸ They (are) / almost / as small as ants.
그들은 ~이다 / 거의 / 개미들만큼 작은

❹ They (are) not / large, / but / they (can) do a lot of harm.
그들은 ~이 아니다 / 큰 / 하지만 / 그들은 많은 해를 끼칠 수 있다
구문 '해, 피해'를 뜻하는 harm은 셀 수 없는 명사로, much가 수식한다.

❺ White ants (love) / to eat / wood, paper, and clothes.
흰개미는 무척 좋아한다 / 먹는 것을 / 나무, 종이 그리고 옷을

❻ They (are known as) / "silent destroyers."
그들은 ~로 알려져 있다 / '조용한 파괴자들'

❼ They (can) secretly (hide) / in a home / and / (cause) / damage / to furniture, floors, and walls.
그들은 비밀리에 숨어들 수 있다 / 집 안으로 / 그리고 / 입힌다 / 피해를 / 가구, 바닥, 그리고 벽에

❽ White ants (live) / in nests / just like / ants do.
흰개미는 산다 / 개미집에 / 꼭 ~처럼 / 개미들이 그러는 것

❾ Each nest (has) / a queen, many workers, and many soldiers.
개미집마다 (가지고) 있다 / 한 마리의 여왕, 많은 일꾼들 그리고 많은 병사들을
구문 수량 형용사 each 뒤에는 단수명사가 오고, 「each ~+단수명사」는 단수 취급하므로 단수동사가 온다.

❿ The young queens (have) / wings / for a short time.
어린 여왕들은 가지고 있다 / 날개들을 / 짧은 시간 동안

⓫ They (use) / them / only once.
그들은 사용한다 / 그것들을 / 단 한 번만

⓬ They (fly) / to mate / and / find / a new home.
그들은 날아다닌다 / 짝짓기하기 위해 / 그리고 / 찾기 위해 / 새로운 집을

⓭ After they move in, / they (remove) / their wings / and / never (fly) again.
그들이 이사 온 후 / 그들은 없앤다 / 그들의 날개들을 / 그리고 / 절대 다시는 날지 않는다
구문 never는 '결코 ~ 않다'라는 뜻의 빈도부사로, be동사와 조동사 뒤에, 일반동사 앞에 온다.

지문해석 흰개미는 작은 곤충이다. 그들은 종종 흰(색)개미로 불린다. 그들은 거의 개미들만큼 작다. 그들은 크지는 않지만, 많은 해를 끼칠 수 있다. 흰개미는 나무, 종이, 그리고 옷을 먹는다. 그들은 '조용한 파괴자들'로 알려져 있다. 그들은 비밀리에 집안으로 숨어 들어서 가구, 바닥, 벽에 피해를 입힐 수 있다. 흰개미는 꼭 개미들이 그러는 것처럼 개미집에 산다. 각 개미집에는 한 마리의 여왕과 많은 일꾼들, 그리고 많은 병사들이 있다. 어린 여왕들은 짧은 시간 동안 날개를 가진다. 그들은 날개를 단 한 번만 사용한다. 그들은 짝짓기하고 새로운 집을 찾기 위해 날아다닌다. 그들은 이사 온 후에, 날개를 없애고 절대 다시는 날지 않는다.

17

p. 62

1 ④ 2 fatty foods

ORGANIZING MAP (1) belly (2) music (3) similar (4) uploaded (5) human

1 (a) but 이하에 한 남자가 자신의 큰 배를 멋지게 사용한다는 내용이 나오므로 빈칸에는 이와 반대되는 내용이 나와야 한다. 따라서 useless(쓸모없는)가 알맞다.
(b) Peter가 인터넷에 올린 동영상을 많은 사람들이 보고 좋아했다고 했으므로 유명해졌다는 내용이 들어가는 것이 알맞다. 따라서 star(스타, 유명인)가 알맞다.
오답풀이 ① 건강한 – 인간 ② 쓸모없는 – 인간 ③ 건강한 – 스타 ⑤ 건강하지 못한 – 뚱보

2 People get big bellies because of eating fatty foods.에서 지방이 많은 음식을 먹기 때문에 배가 나온다는 것을 알 수 있다.
해석 Q: 사람들은 왜 배가 나올까?
A: 지방이 많은 음식을 먹기 때문이다.

ORGANIZING MAP

저는 제 불룩한 (1)배를 드럼처럼 사용했어요.
손으로 제 배를 쳐서 (2)음악을 연주했어요.
그것은 진짜 드럼과 매우 (3)비슷하게 소리가 났어요.
저는 인터넷에 영상을 (4)올렸어요.
사람들이 그것을 몹시 좋아했고, 저는 (5)인간 드럼으로 유명해졌어요.

READ CLOSELY   p. 63

❶ People (get) / big bellies / because of / eating fatty foods.

사람들은 갖는다 / 불룩한 배를 / ~ 때문에 / 지방이 많은 음식을 먹기

❷ Some people (think) / big bellies are / useless, / but / a man (uses) / his / brilliantly.

어떤 사람들은 생각한다 / 불룩한 배가 ~이다 / 쓸모없는 / 하지만 / 한 남자는 사용한다 / 그의 것을 / 멋지게

구문 think 뒤에 명사절을 이끄는 접속사 that이 생략되어 있다. big bellies are useless가 think의 목적어 역할을 하는 명사절이다.

❸ Peter (has) / a really big belly.

Peter는 가지고 있다 / 정말 불룩한 배를

❹ One day, / he (got) / a great idea.

어느 날 / 그는 떠올랐다 / 멋진 생각이

❺ He (started) / to use / his belly / like a drum.

그는 시작했다 / 사용하기 / 그의 배를 / 드럼처럼

❻ He (beats) / his belly / with his hands, / and / he (makes) / music!

그는 두드린다 / 그의 배를 / 그의 손으로 / 그리고 / 그는 연주한다 / 음악을

❼ It (sounds) / very similar / to a real drum.

그것은 소리가 난다 / 매우 비슷하게 / 진짜 드럼과

❽ When he uploaded / a video / on the Internet, / a lot of people (loved) / it.

그가 올렸을 때 / 영상을 / 인터넷에 / 많은 사람들이 좋아했다 / 그것을

❾ The video (made) / him / a star.

그 영상이 만들었다 / 그를 / 스타로

구문 「make+목적어+목적격보어(명사)」는 '~을 …로 만들다'라는 뜻이다.

❿ Now, / he (is) / well-known / around the world / as the human drum.

이제 / 그는 ~이다 / 유명한 / 세계에서 / 인간 드럼으로

지문해석 사람들은 지방이 많은 음식을 먹기 때문에 배가 나온다. 어떤 사람들은 불룩 나온 배가 쓸모없다고 생각하지만, 한 남자는 그의 것을 멋지게 사용한다. Peter는 정말 불룩한 배를 가지고 있다. 어느 날, 그에게 멋진 생각이 떠올랐다. 그는 그의 배를 드럼처럼 사용하기 시작했다. 그는 그의 배를 손으

1 ③ **2** ⑤

SUMMARY MAP (1) climate change (2) school strike
(3) shared (4) are following

1 기후 변화 문제를 알리기 위해 등교 거부 운동을 하고, 소셜 네트워크 서비스를 통해서 전 세계의 십대들에게 환경 운동을 확산시킨 것으로 보아 ③ '적극적인' 성격임을 알 수 있다.

오답풀이 ① 친근한, 다정한 ② 부정적인 ④ 부끄러워 하는 ⑤ 솔직한

2 Adults don't care about my future, so I will go on strike from school.에서 등교 거부를 한 이유가 어른들에게 기후 변화 문제를 알리기 위해서임을 알 수 있다.

SUMMARY MAP

Greta Thunberg는 (1)기후 변화에 대해 배웠을 때 충격을 받았다.	→	그녀는 기후를 위해 싸우기로 결심하고 (2)등교 거부에 들어갔다.
이제, 많은 학생들이 그녀의 등교 거부를 (4)따르고 있다.	←	그녀는 소셜 네트워크를 통해 그녀의 생각을 (3)나누었다.

READ CLOSELY   p. 65

❶ Greta Thunberg (is) / Swedish teenager.

Greta Thunberg는 ~이다 / 스웨덴의 십대

❷ When she was / eight, / she (learned) / about climate change / at school.

그녀는 ~였을 때 / 8살 / 그녀는 배웠다 / 기후 변화에 대해 / 학교에서

❸ She (was) / shocked. // She (thought) / that adults didn't take / it / seriously.

그녀는 ~였다 / 충격을 받은 // 그녀는 생각했다 / 어른들이 받아들이지 않았다고 / 그것을 / 심각하게

❹ She (became) / depressed. // She (didn't eat), / (go) to school, / and (speak) / for months.

그녀는 ~해졌다 / 우울한 // 그녀는 먹지도 않고 / 학교에 가지도 않고 / 말도 하지 않았다 / 몇 달 동안

❺ When she was / 15, / she (got) / a good idea.

그녀가 ~였을 때 / 15살 / 그녀에게 떠올랐다 / 좋은 생각이

❻ She (decided) / to fight / for the climate.

그녀는 결심했다 / 싸우기로 / 기후를 위해

구문 「decide+to-v」는 '~하기로 결심하다'는 뜻으로 동사 decide는 to부정사를 목적어로 취한다.

❼ She ⟨went on⟩ / a school strike.

그녀는 들어갔다 / 등교 거부에

❽ Then / she ⟨shared⟩ / her idea / through social networks.

그러고 나서 / 그녀는 나누었다 / 그녀의 생각을 / 소셜 네트워크 서비스를 통해서

❾ Her message ⟨was⟩ / simple, / "Adults ⟨don't care⟩ / about my future, / so I ⟨will go on⟩ / strike from school."

그녀의 메시지는 ~였다 / 간단한 / 어른들은 신경쓰지 않는다 / 나의 미래에 대해 / 그래서 나는 들어갈 것이다 / 등교 거부를

❿ Shortly after, / teenagers around the world ⟨followed⟩ / her.

머지않아서 / 전 세계의 십대들이 따랐다 / 그녀를

구문 전치사구 around the world가 주어 teenagers를 수식하고 있다.

⓫ They ⟨joined⟩ / her school strike / for climate protest.

그들은 함께 했다 / 그녀의 등교 거부에 / 기후 시위를 위한

⓬ Now, / every Friday, / Greta and her followers ⟨strike⟩ from school.

이제 / 매주 금요일에 / Greta와 그녀를 따르는 사람들은 등교 거부를 한다

⓬ Students in 150 countries ⟨are following⟩ / her.

150개 나라의 학생들이 따르고 있다 / 그녀를

지문해석 Greta Thunberg는 스웨덴의 십대이다. 그녀는 8살일 때, 학교에서 기후 변화에 대해 배웠다. 그녀는 충격을 받았다. 그녀는 어른들이 그것을 심각하게 받아들이지 않는다고 생각했다. 그녀는 우울해졌다. 그녀는 몇 달 동안 먹지도 않고 학교에 가지도 않고 말도 하지 않았다. 그녀가 15살일 때, 그녀에게 좋은 생각이 떠올랐다. 그녀는 기후를 위해 싸우기로 결심했다. 그녀는 등교 거부에 들어갔다. 그러고 나서 그녀의 생각을 소셜 네트워크 서비스를 통해 나누었다. 그녀의 메시지는 간단했는데 "어른들은 나의 미래에 대해 걱정하지 않는다. 그래서 나는 등교 거부를 할 것이다"라는 것이었다. 머지않아서, 전 세계의 십대들이 그녀를 따랐다. 그들은 기후 시위를 위한 그녀의 등교 거부에 함께 했다. 이제, 매주 금요일에 Greta와 그녀를 따르는 사람들은 등교 거부를 한다. 150개 나라의 학생들이 그녀를 따르고 있다.

REVIEW **TIME**

pp. 66~67

1 (1) ⓒ (2) ⓐ (3) ⓓ

2 (1) fatty (2) remove (3) adult
(4) depressed (5) soldier (6) mate

3

```
s e o j y d u n
t c l i m a t e
r v f n y m d t
i k w s c a l w
k q b e g g x m
e a x c r e h x
b e a t q a y i
u p l o a d s p
```

(1) climate (2) insect (3) upload
(4) damage (5) beat (6) strike

4 (1) interesting (2) small
(3) because of (4) shocked

5 (1) bored (2) big
(3) depressed (4) eating

6 (1) is as strong as his father
(2) were excited about the game

---

4 (1) 게임이 '재미있는' 감정을 일으키므로 interesting이 알맞다.
해석 이 게임은 재미있다.
(2) '개미들만큼 작은'이므로 「as+형용사[부사]의 원급+as」 형태로 써서 small이 알맞다.
해석 흰개미는 거의 개미들만큼 작다.
(3) 괄호 뒤에 명사구인 the fog가 이어지므로 because of가 알맞다.
해석 안개 때문에 자동차 사고가 났다.
(4) '충격을 받은' 감정을 느낀 것이므로 shocked가 알맞다.
해석 기후 변화에 대해 배웠을 때 그녀는 충격을 받았다.

5 (1) 내가 직업 때문에 '지루한' 감정을 느낀 것이므로 bored가 알맞다.
해석 내 직업 때문에 지루하다.
(2) '우리의 것만큼 큰'이므로 「as+형용사[부사]의 원급+as」의 형태로 써서 big이 알맞다.
해석 그들의 집은 우리의 것만큼 크다.
(3) '우울해진' 감정을 느낀 것이므로 depressed가 알맞다.
해석 그녀는 우울해져서 학교에 가지 않았다.
(4) because of 뒤에는 명사(구)가 오므로 동명사인 eating으로 바꿔야 한다.
해석 사람들은 지방이 많은 음식을 먹기 때문에 불룩한 배를 갖게 된다.

6 (1) '~만큼 …한'은 「as+형용사의 원급+as」의 원급 비교로 나타낸다.
(2) 사람들이 '흥분한' 감정을 느끼는 것이므로 excited로 쓴다.

▶ 각 그림에 알맞은 그림자를 찾으세요.

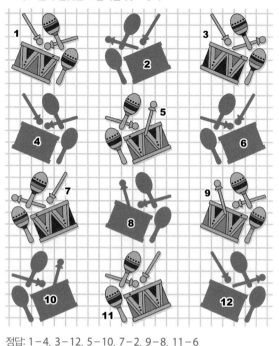

정답: 1−4, 3−12, 5−10, 7−2, 9−8, 11−6

UNIT 07

^{R E A D I N G}**19**　　　　　　　　　　　　p. 70

1 ④　**2** Fun Facts[Things], Animals
FACT CHECK (1) T　(2) F　(3) T　(4) F　(5) T

1 (a) 앞 문장 내용을 통해 동물들에 대한 '놀라운(amazing)' 내용이 나올 것임을 알 수 있다. (b) 빈칸 다음에 사람을 문다는 내용이 이어지는 것으로 보아 모기가 '위험한(dangerous)' 곤충이라고 하는 것이 알맞다.
오답풀이 ① 어려운 − 해로운　② 대단한 − 웃긴　③ 놀라운 − 유용한
⑤ 강한 − 도움이 되는
2 '동물들에 대한 흥미롭고 재미있는 사실들'을 다루고 있는 글이다.

FACT CHECK
(2) 코끼리는 다른 동물보다 다리 근육이 짧아서 뛸 수 없다. (4) 모기는 사람들을 물기 때문에 위험하다.
해석 (1) 박쥐는 집 밖으로 날아갈 때 왼쪽으로 돈다. (2) 코끼리는 몸집이 커서 높이 뛸 수 없다. (3) 물총고기는 곤충에게 물을 쏘기 위해 입을 사용한다. (4) 모기는 사람들을 절대 물지 않기 때문에 위험하지 않다. (5) 코알라와 고릴라는 사람처럼 지문을 가지고 있다.

READ CLOSELY　　　　　　　　　　　　p. 71

❶ Many animals ⟨have⟩ / interesting / and fun facts.
많은 동물들이 가지고 있다 / 흥미로운 / 그리고 재미있는 사실들을

❷ Here ⟨are⟩ five amazing things / about animals.
여기 ~이 있다 / 놀라운 5가지들 / 동물들에 관한

❸ Bats always ⟨turn⟩ left / when they fly / out of their home / at night.
박쥐는 항상 왼쪽으로 돈다 / 그들이 날아갈 때 / 그들의 집 밖으로 / 밤에

❹ Elephants ⟨can't jump⟩.
코끼리는 뛸 수 없다

❺ That ⟨'s⟩ because / they have / shorter leg muscles / than other animals.
그것은 ~이기 때문이다 / 그들이 가지고 있다 / 짧은 다리 근육을 / 다른 동물들보다

❻ An archerfish ⟨uses⟩ / its mouth / like a water gun.
물총고기는 사용한다 / 그것의 입을 / 물총처럼

❼ It ⟨shoots⟩ / water / at an insect.
그것은 쏜다 / 물을 / 곤충에게

❽ The insect ⟨falls⟩, / and / the fish ⟨eats⟩ / it.
그 곤충은 떨어진다 / 그리고 / 물고기는 먹는다 / 그것을

❾ Mosquitoes ⟨are⟩ / dangerous insects / because they bite / us.
모기는 ~이다 / 위험한 곤충들 / 그것들이 물기 때문이다 / 우리를

⑩ But / do you know / that only females bite?

하지만 / 당신은 알고 있는가 / 오직 암컷들만이 문다

구문 that은 명사절을 이끄는 접속사로, 이 문장에서는 know의 목적어 역할을 하는 명사절을 이끌고 있다.

⑪ Like humans, / koalas and gorillas have / fingerprints.

사람처럼 / 코알라와 고릴라는 가지고 있다 / 지문을

⑫ Their fingerprints are / very similar / to our fingerprints.

그들의 지문은 ~이다 / 매우 비슷한 / 우리의 지문과

지문해석 많은 동물들이 흥미롭고 재미있는 사실들을 가지고 있다. 여기 동물들에 관한 놀라운 5가지가 있다.
1) 박쥐는 밤에 그들의 집 밖으로 날아갈 때 항상 왼쪽으로 돈다.
2) 코끼리는 뛸 수 없다. 그들이 다른 동물들보다 짧은 다리 근육을 가지고 있기 때문이다.
3) 물총고기는 그것의 입을 물총처럼 사용한다. 그것은 곤충에게 물을 쏜다. 곤충이 떨어지고, 물고기는 그것을 먹는다.
4) 모기는 우리를 물기 때문에 위험한 곤충이다. 하지만 오직 암컷들만이 문다는 것을 당신은 알고 있는가?
5) 사람처럼, 코알라와 고릴라는 지문을 가지고 있다. 그들의 지문은 우리의 지문과 매우 비슷하다.

20 p. 72

1 ⑤ **2** ④

SUMMARY MAP (1) went off (2) looked back
(3) strange (4) turned on

1 주어진 문장이 '경찰관이 도둑을 잡았다.'는 내용이므로 가짜 마네킹을 발견한 다음인 ⑤에 들어가는 것이 알맞다.

2 밑줄 친 문장 앞에서 경찰관이 진열창 안에서 이상한 것을 보았다고 했으므로 이를 살펴보기 위해 손전등을 켰다는 것을 알 수 있다.

SUMMARY MAP

한 가게에서 도난 경보기가 (1) 울리자 한 경찰관이 그곳에 왔다.	➡	하지만 그는 아무것도 발견할 수 없었다. 그는 떠나기 전에 가게의 진열창을 (2) 되돌아보았다.
		⬇
그는 손전등을 (4) 켰고 그가 도둑을 잡았다는 것을 알았다.	⬅	그때, 그는 진열창에 있는 마네킹들을 보았고 뭔가 (3) 이상한 것을 보았다.

READ CLOSELY p. 73

❶ One night, / a burglar alarm went off / at a store / in England.

어느 날 밤 / 도난 경보기가 울렸다 / 한 가게에서 / 영국에 있는

❷ The store sold / clothes for men.

그 가게는 팔았다 / 남성용 옷을

❸ A police officer came / to search / the store.

경찰관이 왔다 / 수색하기 위해 / 그 가게를

❹ He didn't find / anything, / so / he got ready / to leave.

그는 발견할 수 없었다 / 아무것도 / 그래서 / 그는 준비를 했다 / 떠날

구문 not ~ anything은 '아무것도 ~ 아니다'라는 뜻이다.

❺ From the outside, / he looked back at / the store's large window.

밖에서 / 그는 되돌아보았다 / 그 가게의 큰 진열창을

❻ Mannequins in new clothes / were standing / in the window.

새 옷을 입은 마네킹들이 / 서 있었다 / 진열창에

구문 과거진행형은 「be동사의 과거형+v-ing」 형태로 '~하고 있었다'라는 의미이다.

❼ They looked real, / but / one wasn't real.

그것들은 진짜처럼 보였다 / 하지만 / 하나는 진짜가 아니었다

❽ Suddenly, / the police officer saw / something strange.

갑자기 / 그 경찰관은 보았다 / 이상한 것을

❾ He turned on / his flashlight.

그는 켰다 / 그의 손전등을

❿ He looked at / the faces / in the window.

그는 보았다 / 얼굴들을 / 진열창에 있는

⓫ At that moment, / one pair of eyes blinked / at him!

그 순간 / 한 쌍의 눈이 깜빡였다 / 그를 보고

⓬ Yes, / he had / the burglar.

그렇다 / 그가 잡았다 / 도둑을

지문해석 어느 날 밤, 영국에 있는 한 가게에서 도난 경보기가 울렸다. 그 가게는 남성복을 팔았다. 경찰관이 그 가게를 수색하기 위해 왔다. 그는 아무것도 발견할 수 없어서, 떠날 준비를 했다. 밖에서, 그는 그 가게의 큰 진열창을 되돌아보았다. 새 옷을 입은 마네킹들이 진열창에 서 있었다. 그것들은 진짜처럼 보였지만, 하나가 진짜가 아니었다. 갑자기, 그 경찰관은 이상한 것을 보았다. 그는 그의 손전등을 켰다. 그는 진열창에 있는 얼굴들을 보았다. 그 순간, 한 쌍의 눈이 그를 보고 깜빡였다! 그렇다, 그가 도둑을 잡았다.

21 p. 74

1 ④ **2** (a) from (b) of (c) for
ORGANIZING MAP (1) milk (2) rich (3) proteins
(4) bones (5) teeth

1 치즈에는 칼슘, 비타민 B, 단백질, 미네랄 등이 풍부해서 치아와 뼈를 건강하게 유지하는 데 도움이 된다는 내용이므로, 글의 요지로는 ④ '치즈는 당신의 치아와 뼈를 건강하게 해준다.'가 알맞다.

오답풀이 ① 치즈는 오랜 역사를 가지고 있다. ② 치즈에는 지방이 너무 많다. ③ 치즈는 모든 종류의 비타민을 공급한다. ⑤ 어린이는 어른보다 더 많은 치즈를 먹어야 한다.

2 (a) be made from: ~로 만들어지다 (b) be full of: ~로 가득하다
(c) be good for: ~에 좋다

ORGANIZING MAP

치즈		
그것은 무엇인가	(1) 우유로 만들어짐	
	칼슘과 비타민 B가 매우 (2) 풍부한 것	
	(3) 단백질과 미네랄로 가득한 것	
그것은 무엇을 하는가	(4) 뼈를 형성하는 데 도움을 주고 튼튼하게 유지해 준다	
	(5) 치아를 건강하게 유지해 준다	

READ CLOSELY
p. 75

❶ People started / eating cheese / more than 4,000 years ago.

사람들은 시작했다 / 치즈 먹기를 / 4,000년 이상 전에

❷ It's / healthy food / because of its nutrients.

치즈는 ~이다 / 건강에 좋은 음식 / 그것의 영양분 때문에

❸ Cheese is made from / milk / and / is very rich in / calcium and vitamin B.

치즈는 ~로 만들어진다 / 우유 / 그리고 / ~이 매우 풍부하다 / 칼슘과 비타민 B

❹ Therefore, / it helps / form bones / and / keeps / them / strong.

그래서 / 그것은 도움이 된다 / 뼈를 형성하는 데 / 그리고 / 유지시키는 데 / 그것들을 / 튼튼하게

❺ Some people may think / there is / too much fat / in cheese.

어떤 사람들은 생각할 수 있다 / ~이 있다고 / 너무 많은 지방 / 치즈에는

구문 동사 think 다음에 접속사 that이 생략되었으며, (that) there is ~ in cheese는 think의 목적어 역할을 하는 명사절이다.

❻ However, / that's not true.

하지만 / 그것은 사실이 아니다

❼ There are / many different healthy nutrients / in cheese.

~이 있다 / 건강에 좋은 많은 다양한 영양소들 / 치즈에는

❽ It is full of / proteins and minerals.

그것은 ~로 가득하다 / 단백질과 미네랄

❾ Cheese is also good for / dental care.

치즈는 또한 ~에 좋다 / 치아 관리

❿ It keeps / your teeth / healthy.

그것은 유지해준다 / 당신의 치아를 / 건강하게

⓫ Do you want / to keep / your teeth and bones / healthy?

당신은 원하는가 / 유지하기를 / 당신의 치아와 뼈를 / 건강하게

구문 「want+to-v」는 '~하기를 원하다'라는 뜻으로, want는 to부정사를 목적어로 취한다.

⓬ Have cheese / in your diet.

치즈를 넣어라 / 당신의 식단에

지문해석 사람들은 4,000년 이상 전에 치즈를 먹기 시작했다. 치즈는 그것의 영양분 때문에 건강에 좋은 음식이다. 치즈는 우유로 만들어지며 칼슘과 비타민 B가 매우 풍부하다. 그래서 그것은 뼈를 형성하는 데 도움을 주고 튼튼하게 유지시켜 준다. 어떤 사람들은 치즈에 지방이 너무 많다고 생각할 수 있다. 하지만, 그것은 사실이 아니다. 치즈에는 건강에 좋은 영양소들이 다양하게 많이 들어 있다. 그것은 단백질과 미네랄로 가득하다. 치즈는 또한 치아 관리에 좋다. 그것은 당신의 치아를 건강하게 유지해준다. 당신은 당신의 치아와 뼈를 건강하게 유지하고 싶은가? 식단에 치즈를 넣어라.

REVIEW TIME
pp. 76~77

1 (1) ⓐ　　(2) ⓓ　　(3) ⓒ

2 (1) alarm (2) nutrient (3) amazing
(4) bite (5) strange (6) form

3

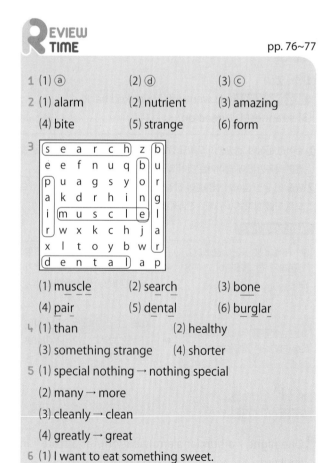

s	e	a	r	c	h	z	b
e	e	f	n	u	q	b	u
p	u	a	g	s	y	o	r
a	k	d	r	h	i	n	g
i	m	u	s	c	l	e	l
r	w	x	k	c	h	j	a
x	l	t	o	y	b	w	r
d	e	n	t	a	l	a	p

(1) muscle (2) search (3) bone
(4) pair (5) dental (6) burglar

4 (1) than (2) healthy
(3) something strange (4) shorter

5 (1) special nothing → nothing special
(2) many → more
(3) cleanly → clean
(4) greatly → great

6 (1) I want to eat something sweet.
(2) This coat keeps me warm.

4 (1) 비교급 표현에서 비교 대상 앞에는 than을 쓴다.

[해석] Jamie는 Tim보다 키가 더 크다.

(2) '~을 …하게 유지하다'는 「keep+목적어+형용사」 형태이므로 형용사 healthy가 알맞다.

[해석] 치즈는 당신의 치아를 건강하게 유지시킨다.

(3) -thing으로 끝나는 대명사는 형용사가 뒤에서 수식하므로 something 뒤에 strange가 온다.

[해석] 경찰관은 이상한 것을 보았다.

(4) 「형용사[부사]의 비교급+than+비교 대상」 형태이므로 shorter가 알맞다.

[해석] 코끼리들은 다른 동물들보다 짧은 다리 근육을 가지고 있다.

5 (1) nothing은 -thing으로 끝나는 대명사이므로 형용사 special이 nothing 뒤에 오도록 고친다.

[해석] 내 인생은 특별한 것이 아니었다.

(2) '나보다 더 많은 책을 가지고 있다'라는 비교급 문장이므로 many를 비교급 형태인 more로 고친다.

[해석] 그녀는 나보다 더 많은 책을 가지고 있다.

(3) 「keep+목적어+형용사」 형태이므로 부사 cleanly를 형용사 clean 으로 고친다.

[해석] 당신은 당신의 방을 깨끗하게 유지해야 한다.

(4) something은 -thing으로 끝나는 대명사이므로 부사 greatly를 형용사 great로 고친다.

[해석] 마음속에 무엇인가 좋은 것을 생각하고 있나요?

6 (1) -thing으로 끝나는 대명사는 형용사가 뒤에서 수식하므로 something 뒤에 sweet가 온다.

(2) '~을 …하게 유지하다'는 「keep+목적어+형용사」 형태이므로 keeps me warm의 순서로 쓴다.

Play Time

p. 78

▶ 각 그림을 종이에서 연필을 떼지 않고 그려보세요.

1
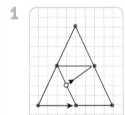

2
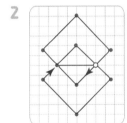

---

p. 80

1 ② **2** took a bath every Saturday

FACT CHECK (1) F (2) F (3) T

1 (a) 바이킹이 적의 머리를 술잔으로 사용했다는 말이 있지만 이에 대한 자료는 존재하지 않는다는 상반되는 내용이 이어지므로, However(하지만)가 알맞다. (b) 바이킹이 지저분하지도 거칠지도 않았다는 것을 증명 하는 사실을 말하고 있으므로 In fact(사실은)가 알맞다.

[오답풀이] ① 하지만 – 그래서 ③ 사실은 – 그러므로 ④ 하지만 – 예를 들어 ⑤ 사실은 – 예를 들어

2 In fact, they were very clean because they had a custom of bathing every Saturday.에서 바이킹은 토요일마다 목욕하는 관습이 있었음을 알 수 있다.

[해석] Q: 바이킹은 언제 목욕을 했었는가?

FACT CHECK

(1) 바이킹이 적의 머리로 마셨다는 자료는 존재하지 않는다. (2) Vikings were not dirty and wild.에서 바이킹이 거칠지 않음을 알 수 있다.

[해석] (1) 바이킹은 적의 머리로 마셨다. (2) 바이킹은 거친 사람들이다.

(3) 바이킹의 단어들, 이름들, 건물들이 여전히 사용된다.

READ CLOSELY

p. 81

❶ Did Vikings wear / helmets with horns? // Viking helmets didn't have / horns.

바이킹은 썼는가 / 뿔이 달린 헬멧을 // 바이킹 헬멧은 가지고 있지 않았다 / 뿔을

❷ This common but wrong image / of Vikings / first appeared / in the 19th century.

이 흔하지만 잘못된 이미지는 / 바이킹에 대한 / 처음 등장했다 / 19세기에

❸ We guess / the helmet with horns image / comes from Wagner's Operas / in the 19th century.

우리는 짐작한다 / 뿔 달린 헬멧 이미지가 / 바그너의 오페라에서 유래했 다고 / 19세기에

[구문] guess 뒤에 명사절을 이끄는 접속사 that이 생략되었다.

❹ Did they use / heads / for cups? // People say / Vikings used / the heads of their enemies / for drinking cups.

그들은 사용했는가 / 머리를 / 컵으로 // 사람들은 말한다 / 바이킹이 사용 했다고 / 그들의 적들의 머리를 / 술잔으로

❺ However, / no data / for this / exists.

하지만 / 어떤 자료도 ~ 아니다 / 이에 대한 / 존재한다

❻ Did they have / no bath time? // Vikings were not / dirty and wild.

그들은 가지고 있었는가 / 목욕 시간이 없음을 // 바이킹은 ~하지 않았다 / 지저분하고 거친

❼ In fact, / they were / very clean / because they had / a custom of bathing / every Saturday.

사실 / 그들은 ~이었다 / 매우 깨끗한 / 그들은 가지고 있었기 때문에 / 목욕하는 관습을 / 토요일마다

❽ Are there / Vikings living today? // The age of the Vikings ended / in the 11th century, / but / we can feel / their power / now.

~이 있는가 / 오늘날 살아 있는 바이킹들 // 바이킹의 시대는 끝났다 / 11세기에 / 그러나 / 우리는 느낄 수 있다 / 그들의 힘을 / 지금도

❾ A lot of their words, names, tools, and buildings are / still around.

많은 그들의 단어들, 이름들, 도구들, 그리고 건물들이 있다 / 여전히 주위에

구문 a lot of는 '많은'의 의미로, lots of로 바꿔 쓸 수 있다.

지문해석 **Q:** 바이킹은 뿔이 달린 헬멧을 썼는가?
A: 바이킹 헬멧은 뿔을 가지고 있지 않았다. 바이킹에 대한 이 흔하지만 잘못된 이미지는 19세기에 처음 등장했다. 우리는 뿔 달린 헬멧 이미지가 19세기에 바그너의 오페라에서 유래했다고 짐작한다.

Q: 그들은 머리를 컵으로 사용했는가?
A: 사람들은 바이킹이 적의 머리를 술잔으로 사용했다고 말했다. 하지만, 이에 대한 어떤 자료도 존재하지 않는다.

Q: 그들은 목욕 시간이 없었는가?
A: 바이킹은 지저분하지도 거칠지도 않았다. 사실은, 그들은 토요일마다 목욕하는 관습이 있었기 때문에 매우 깨끗했다.

Q: 오늘날 살아 있는 바이킹이 있는가?
A: 바이킹의 시대는 11세기에 끝났지만, 우리는 그들의 힘을 지금도 느낄 수 있다. 그들의 많은 단어들, 이름들, 도구들과 건물들이 여전히 주위에 있다.

23

p. 82

1 ⑤ **2** ②

SUMMARY MAP (1) dead body (2) around (3) floating (4) dangerous

1 플라스틱 쓰레기와 어업 폐기물이 바다 동물들에게 위험하다고 말하고 있으므로 제목으로 ⑤ '플라스틱 쓰레기로 위험에 빠진 바다 동물들'이 알맞다.

오답풀이 ① 바다 동물들의 종류 ② 혼자 잠수 할 때의 위험성 ③ 물속에서 사진을 찍는 방법 ④ 플라스틱 재활용의 중요성

2 플라스틱 쓰레기나 낚싯줄 같은 어업 폐기물이 바다 동물들에게 해를 끼치고 있다는 내용의 글이므로 ② '거북이가 보통 사람보다 훨씬 더 오래 산다.'는 전체 흐름과 관련이 없다.

SUMMARY MAP

한 남자가 다이빙을 하는 동안 거북이의 (1) 사체를 발견했다.

그 사체 (2) 주위에 많은 낚싯줄이 있었다.

나중에 그는 주변에 많은 플라스틱 쓰레기가 (3) 떠다니는 것을 보았다.

↓

플라스틱 쓰레기와 어업 폐기물은 바다 동물들에게 (4) 위험하다.

READ CLOSELY

p. 83

❶ A photographer, / Shane Gross, / went sea diving / with his friends.

사진작가인 / Shane Gross는 / 바다 잠수를 하러 갔다 / 그의 친구들과 함께

❷ While he was diving, / he saw / a big thing / in the distance.

그가 잠수를 하는 동안 / 그는 보았다 / 큰 물체를 / 멀리서
구문 while은 '~하는 동안'이라는 의미의 접속사이다.

❸ He moved / close to it / and / he was shocked.

그는 움직였다 / 그것 가까이로 / 그리고 / 그는 충격을 받았다

❹ It was / a turtle's dead body.

그것은 ~였다 / 거북이의 사체

❺ Turtles usually live / much longer / than humans.

거북이는 보통 산다 / 훨씬 더 오래 / 인간보다

❻ The body had / many fishing lines / around it.

그 사체는 가지고 있었다 / 많은 낚싯줄을 / 그것 주위에

❼ Shane took out / his camera / and / took some pictures.

Shane은 꺼냈다 / 그의 카메라를 / 그리고 / 사진을 찍었다

❽ It was / a warning / for the future.

그것은 ~였다 / 경고 / 미래에 대한

❾ He then saw / that a lot of plastic waste / was floating / around him, too.

그는 그러고 나서 보았다 / 많은 플라스틱 쓰레기가 / 떠다니고 있었다 / 그의 주위에도

❿ Oceans are now struggling / with plastic waste.

바다는 지금 몸부림치고 있다 / 플라스틱 쓰레기에

⓫ The waste, / like straws and bottles, / is dangerous / for sea animals.

쓰레기는 / 빨대와 병 같은 / 위험하다 / 바다 동물들에게

⓬ Fishing waste also matters.

어업 폐기물 또한 문제가 된다

⑬ Sea animals can't see / the fishing lines / well.

바다 동물들은 볼 수 없다 / 낚싯줄을 / 잘

⑭ If the fishing lines / trap them, / they can't move / at all / and / they just die.

만약 낚싯줄이 ~하면 / 그들을 옭아매다 / 그들은 움직일 수 없다 / 전혀 / 그리고 / 그들은 죽을 수밖에 없다

구문 not ~ at all은 '전혀 ~ 아니다'라는 의미이다.

지문해석 사진작가인 Shane Gross는 그의 친구들과 함께 바다 잠수를 하러 갔다. 그가 잠수를 하는 동안, 그는 멀리서 큰 물체를 보았다. 그는 그것 가까이로 움직여서는 충격을 받았다. 그것은 거북이의 사체였다. (거북이는 보통 인간보다 훨씬 더 오래 산다.) 그 사체 주위에는 많은 낚싯줄이 있었다. Shane은 그의 카메라를 꺼내서 사진을 찍었다. 그것은 미래에 대한 경고였다. 그는 그러고 나서 그의 주위에도 많은 플라스틱 쓰레기가 떠다니고 있는 것을 보았다.

바다는 지금 플라스틱 쓰레기에 몸부림치고 있다. 빨대와 병 같은 쓰레기는 바다 동물들에게 위험하다. 어업 폐기물 또한 문제가 된다. 바다 동물들은 낚싯줄을 잘 볼 수 없다. 낚싯줄이 그들을 옭아매면, 그들은 전혀 움직일 수 없고 죽을 수밖에 없다.

p. 84

1 ② **2** Fair

ORGANIZING MAP (1) bolt (2) Italian (3) won
(4) received

1 결승전에서 만난 두 팀이 두 번 경기를 하고 동점이었다는 내용 뒤에 이탈리아 팀의 세 번째 경기가 끝나고 영국 팀의 세 번째 경기 전에 볼트가 망가졌다는 내용의 (B)가 먼저 나오고, Monti가 그 소식을 듣고 자신의 봅슬레이에서 볼트를 빼서 영국 팀에게 보냈다는 (A)가 온 다음, 영국 팀이 그 볼트를 끼고 이겨서 금메달을 땄다는 (C)가 마지막에 오는 것이 알맞다.

2 이탈리아 봅슬레이 선수 Monti가 올림픽 결승전에서 영국 팀에게 볼트를 빌려주었고, 비록 그의 팀은 경기에서는 졌지만 모두가 Monti를 위대한 스포츠맨이라고 불렀다는 내용이다. 따라서 글의 요지로 '페어플레이하는 것이 승리보다 중요하다.'가 알맞다.

ORGANIZING MAP

배경	1964년 올림픽 봅슬레이 결승전
사건	영국 팀 봅슬레이의 (1) 볼트가 망가졌다.
해결	(2) 이탈리아의 봅슬레이 선수인 Eugenio Monti가 그의 봅슬레이에서 빼낸 볼트를 영국 팀에게 보냈다.
결과	영국 팀이 (3) 이겼다, 하지만 Monti는 페어플레이 트로피를 (4) 받았다.

❶ In 1964, / Eugenio Monti, / an Italian bobsledder, / was in the Olympics.

1964년에 / Eugenio Monti가 / 이탈리아의 봅슬레이 선수인 / 올림픽에 참가했다

❷ The two best teams were / Monti's team / and / Tony Nash's British team.

최고의 두 팀은 ~이었다 / Monti의 팀 / 그리고 / Tony Nash의 영국 팀
구문 best는 good의 최상급 형태로 '최고의, 가장 좋은'이라는 뜻이다.

❸ The two teams met / in the final.

그 두 팀이 만났다 / 결승전에서

❹ After two runs, / they were tied.

두 번의 경기 후에 / 그 팀들은 동점이었다

❺ When Monti heard / this, / he took / a bolt / from his bobsled / and / sent it / to the British team.

Monti가 들었을 때 / 이것을 / 그는 빼냈다 / 볼트를 / 그의 봅슬레이에서 / 그리고 / 보냈다 / 그것을 / 영국 팀에게

❻ Then / the Italians made / their third run / and / it was the fastest / of all.

그러고 나서 / 이탈리아 선수들이 했다 / 그들의 세 번째 경기를 / 그리고 / 그것은 가장 빨랐다 / 모든 것 중에서
구문 「the+최상급+of+복수명사」는 '~ 들 중에서 가장 …한'이라는 뜻을 나타내며 여기서 all은 모든 경기들(all runs)을 가리킨다.

❼ The British team got ready / for their third run, / but / suddenly / a bolt / on their bobsled / broke.

영국 팀은 준비했다 / 그들의 세 번째 경기를 / 하지만 / 갑자기 / 볼트가 / 그들의 봅슬레이에 있는 / 망가졌다

❽ The British team put / it / on their bobsled.

영국 팀은 끼웠다 / 그것을 / 그들의 봅슬레이에

❾ They went down / fast / and / won.

그들은 내려갔다 / 빠르게 / 그리고 / 이겼다

❿ The British got / the gold medal, / but / everyone talked / about Monti.

영국은 땄다 / 금메달을 / 하지만 / 모두가 말했다 / Monti에 대해

⓫ They called / him / a great sportsman.

그들은 불렀다 / 그를 / 위대한 스포츠맨이라고
구문 「call+목적어+목적격보어(명사)」는 '~을 …라고 부르다'라는 의미이다.

⓬ He received / the 1964 International Fair Play trophy.

그는 받았다 / 1964년 국제 페어플레이 트로피를

[지문해석] 1964년에 이탈리아의 봅슬레이 선수인 Eugenio Monti가 올림픽에 참가했다. 최고의 두 팀은 Monti의 팀과 Tony Nash의 영국 팀이었다. 그 두 팀이 결승전에서 만났다. 두 번의 경기 후에, 그 팀들은 동점이었다. (B) 그러고 나서 이탈리아 선수들이 세 번째 경기를 했는데, 그것은 모든 경기 중에서 가장 빨랐다. 영국 팀은 그들의 세 번째 경기를 준비했지만, 갑자기 그들의 봅슬레이에 있는 볼트가 망가졌다. (A) Monti가 이것을 들었을 때, 그는 그의 봅슬레이에서 볼트를 빼내서 영국 팀에게 보냈다. (C) 영국 팀은 그것을 그들의 봅슬레이에 끼웠다. 그들은 빠르게 내려가 이겼다. 영국은 금메달을 땄지만, 모두가 Monti에 대해 말했다. 그들은 그를 위대한 스포츠맨이라고 불렀다. 그는 1964년 국제 페어플레이 트로피를 받았다.

R EVIEW TIME

pp. 86~87

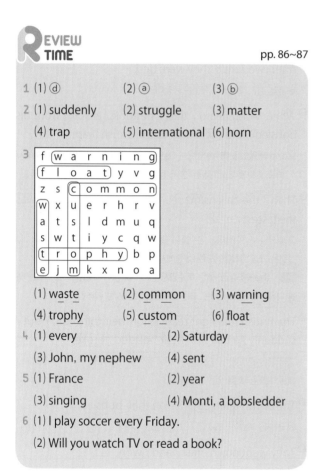

1 (1) ⓓ   (2) ⓐ   (3) ⓑ

2 (1) suddenly   (2) struggle   (3) matter

   (4) trap   (5) international   (6) horn

3
(1) waste   (2) common   (3) warning

(4) trophy   (5) custom   (6) float

4 (1) every   (2) Saturday

   (3) John, my nephew   (4) sent

5 (1) France   (2) year

   (3) singing   (4) Monti, a bobsledder

6 (1) I play soccer every Friday.

   (2) Will you watch TV or read a book?

4 (1) '매~, ~마다'는 「every+단수명사」로 나타낸다.

[해석] 나는 주말마다 하이킹을 간다.

(2) every 뒤에는 단수명사가 오므로 Saturday가 알맞다.

[해석] 바이킹들은 토요일마다 목욕하는 관습을 가지고 있었다.

(3) 뒤의 my nephew가 앞의 John을 부연 설명하는 동격이므로 콤마(,)를 사용한다.

[해석] 내 조카인 John은 한국어를 잘한다.

(4) 등위접속사 and로 연결된 병렬구조이므로 앞의 동사 took과 마찬가지로 과거형 sent가 와야 한다.

[해석] Monti는 그의 봅슬레이에서 볼트를 빼내 그것을 영국 팀에게 보냈다.

5 (1) 등위접속사 and로 연결되었으므로 앞의 Spain과 병렬구조를 이루도록 France가 되어야 한다.

[해석] 우리는 스페인과 프랑스를 방문했다.

(2) 「every+단수명사」로 표현하며 every year는 '매년'이라는 뜻이다.

[해석] 매년 학교 축제가 있다.

(3) 등위접속사 and로 연결된 병렬구조이므로 앞의 playing과 마찬가지로 동명사인 singing이 와야 한다.

[해석] 나는 축구하는 것과 노래 부르는 것을 좋아한다.

(4) Monti와 a bobsledder는 동격으로, Monti를 부연 설명함을 나타내기 위해 콤마(,)를 사용한다.

[해석] 봅슬레이 선수인 Monti는 올림픽에 참가했다.

6 (1) '매 ~, ~마다'는 「every+단수명사」로 나타내므로, '금요일마다'를 every Friday로 쓴다.

(2) 등위접속사 or의 앞과 뒤가 병렬구조가 되도록 한다.

Play Time

p. 88

1 3개의 성냥을 지워서 같은 크기의 사각형을 3개 만드세요.

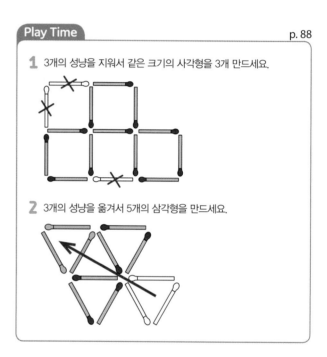

2 3개의 성냥을 옮겨서 5개의 삼각형을 만드세요.

25 p. 90

1 ② **2** ④

SUMMARY MAP (1) turns into (2) melt (3) breaks up
(4) against (5) push

1 '무엇이 이 돌들을 움직이게 하는가?'라는 이유를 묻는 말에 '정답은 날씨이다.'라는 문장이 이어지는 것이 알맞다. 따라서 ②가 알맞은 위치이다.

2 Death Valley의 커다란 돌들에 관한 내용과 그 돌들이 움직이는 이유를 설명하는 글이므로, 글의 주제로는 ④ '사막의 움직이는 돌'이 알맞다.

SUMMARY MAP

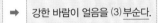

움직이는 돌

밤에 비가 얼음으로 (1) 변한다. 얼음은 햇빛에 (2) 녹기 시작한다.	➡	강한 바람이 얼음을 (3) 부순다.

⬇

그 조각들이 돌들을 (5) 밀어낸다.	⬅	바람이 돌들을 (4) 향해 얼음 조각을 날려 보낸다.

READ CLOSELY p. 91

❶ In California's Death Valley, / big stones ⟨move⟩.

캘리포니아의 Death Valley(죽음의 계곡)에서는 / 커다란 돌들이 움직인다

❷ No one ⟨touches⟩ them, / but / they ⟨move⟩. // ⟨Can⟩ you ⟨believe⟩/ it?

아무도 만지지 않는다 / 그것들을 / 하지만 / 그것들은 움직인다 // 당신은 믿어지는가 / 그것이

❸ These big stones ⟨vary⟩/ in size. // But / some of them ⟨weigh⟩/ 300 kilograms or more.

이 커다란 돌들은 다양하다 / 크기가 // 하지만 / 그것들 중 일부는 무게가 ~이 나간다 / 300킬로그램이나 그 이상

❹ The answer ⟨is⟩/ the weather.

정답은 ~이다 / 날씨

❺ They ⟨move⟩/ because of / the rain, ice, sun, and wind.

그것들은 움직인다 / ~ 때문에 / 비, 얼음, 해 그리고 바람

❻ First, / it ⟨has to rain⟩/ in the valley.

먼저 / 비가 와야 한다 / 계곡에

구문 it은 날씨를 나타내는 비인칭 주어로, 따로 해석하지 않는다.

❼ The valley ⟨is known as⟩/ one of the hottest places / in the world, / but / it ⟨is⟩ very cold / at night.

그 계곡은 ~로 알려져 있다 / 가장 더운 곳 중 하나 / 세계에서 / 하지만 / 몹시 춥다 / 밤에는

구문 「one of+the+최상급+복수명사」는 '가장 ~한 것들 중의 하나'라는 의미이다.

❽ The rain ⟨turns into⟩/ ice / at night. // As the sun rises, / the ice ⟨begins⟩/ to melt.

비는 변한다 / 얼음으로 / 밤에 // 해가 떠오르면서 / 얼음이 ~하기 시작한다 / 녹기

❾ Then / the strong wind ⟨breaks up⟩/ the ice.

그 다음에 / 강한 바람이 부순다 / 얼음을

❿ The strong wind ⟨blows⟩/ pieces of ice / against the stones.

강한 바람은 날려 보낸다 / 얼음 조각들을 / 돌들을 향해

⓫ Those pieces ⟨push⟩/ the stones.

그 조각들이 밀어낸다 / 돌들을

⓬ The stones ⟨leave⟩/ a trail / on the desert ground / as they move.

돌들은 남긴다 / 자국을 / 사막 지면에 / 그것들이 움직일 때

⓭ What ⟨makes⟩/ these stones / move?

무엇이 ~하는가 / 이 돌들을 / 움직이게

지문해석 캘리포니아의 Death Valley(죽음의 계곡)에서는 커다란 돌들이 움직인다. 아무도 그것들을 만지지 않는데도, 그것들은 움직인다. 당신은 그것이 믿어지는가? 이 커다란 돌들은 크기가 다양하다. 하지만 그것들 중 일부는 무게가 300킬로그램이나 그 이상 나간다. 무엇이 이 돌들을 움직이게 하는가? 정답은 날씨이다. 그것들은 비, 얼음, 해와 바람 때문에 움직인다. 먼저, 계곡에 비가 와야 한다. 그 계곡은 세계에서 가장 더운 곳 중 하나로 알려져 있지만, 밤에는 몹시 춥다. 비는 밤에 얼음으로 변한다. 해가 떠오르면서, 얼음이 녹기 시작한다. 그 다음에 강한 바람이 얼음을 부순다. 강한 바람은 얼음 조각들을 돌들을 향해 날려 보낸다. 그 조각들이 돌들을 밀어낸다. 돌들은 움직일 때 사막 지면에 자국을 남긴다.

26 p. 92

1 ⑤ **2** 죄수가 감옥 열쇠의 모양과 크기를 기억하고 있기 때문에

FACT CHECK (1) F (2) T (3) T (4) F

1 (C) 교도관들의 열쇠 모양과 크기를 기억해서 복사본을 만들었다는 내용 다음에 (B) 복사한 열쇠로 감방 문을 열고 탈옥했다는 내용이 이어지고, (A) 교도관들이 탈옥을 알고서 경보를 울렸고, 후에 경찰이 체포했다는 내용이 오는 것이 알맞다.

2 죄수가 감옥 열쇠의 모양과 크기를 기억하고 있기 때문에 바꿔야만 했다.

FACT CHECK

(1) 며칠 동안 확인했다는 내용은 본문에 언급되지 않았다. (4) 죄수는 36년 동안 13번 더 탈옥하려고 시도했다.

❶ An English prison (had to change) / every lock / on every door. // Why?

한 영국 감옥은 바꿔야 했다 / 모든 자물쇠를 / 모든 문의 // 왜 일까

구문 수량 형용사 every 다음에는 항상 단수명사가 온다.

❷ One prisoner (had) / a good memory.

한 죄수가 가지고 있었다 / 좋은 기억력을

❸ He (memorized) things / exactly / after he saw / them / for a second.

그는 무언가를 외웠다 / 정확하게 / 그가 본 후에 / 그것들을 / 잠시 동안

❹ The guards (rang) / the alarm / when they knew / of his escape.

교도관들이 울렸다 / 경보 장치를 / 그들이 알았을 때 / 그의 탈출을

❺ The police (started) / to look for / the prisoner.

경찰은 시작했다 / ~을 찾기를 / 그 죄수

❻ Not long after, / they finally (arrested) / him.

오래지 않아 / 그들은 마침내 체포했다 / 그를

❼ One night, / he (opened) / the door / of his cell / with a copied key. // Then, / he (escaped).

어느 날 밤 / 그는 열었다 / 문을 / 그의 감방의 / 복사한 열쇠로 // 그런 다음 / 그는 도망쳤다

❽ One time / he (saw) / the guards' keys.

한번은 / 그가 보았다 / 교도관들의 열쇠들을

❾ He (memorized) / the shape and size / of the keys.

그는 기억했다 / 모양과 크기를 / 그 열쇠들의

❿ He (made) / copies of them / from plastic mirrors.

그는 만들었다 / 그것들의 복사본을 / 플라스틱 거울로

⓫ He (went back) / to the same prison.

그는 돌아갔다 / 같은 감옥으로

⓬ So / the prison (had) no choice but to change / all the keys.

그래서 / 그 감옥은 바꿀 수밖에 없었다 / 모든 열쇠를

구문 「have no choice but to-v」는 '~하지 않을 수 없다'라는 의미이다.

⓭ Amazingly, / he (tried) / to escape / 13 more times / during his 36 years / there.

놀랍게도 / 그는 시도했다 / 탈출하려고 / 13번 더 / 36년 동안 / 그곳에 있었던

구문 「try+to-v」는 '~하려고 시도하다'라는 의미이며 try는 to부정사를 목적어로 취한다.

지문해석 한 영국 감옥은 모든 문의 모든 자물쇠를 바꿔야 했다. 왜 그랬을까? 한 죄수가 좋은 기억력을 가지고 있었다. 그는 무언가를 잠시 본 후에 정확하게 그것들을 외웠다. (C) 한번은 그가 교도관들의 열쇠들을 보았다. 그는 그 열쇠들의 모양과 크기를 기억했다. 그는 플라스틱 거울로 그것들의 복사본을 만들었다. (B) 어느 날 밤, 그는 복사한 열쇠로 그의 감방 문을 열었다. 그런 다음, 그는 도망쳤다. (A) 교도관들이 그의 탈출을 알았을 때 경보 장치를 울렸다. 경찰은 그 죄수를 찾기 시작했다. 오래지 않아, 그들은 마침내 그를 체포했다. 그는 같은 감옥으로 돌아갔다. 그래서 그 감옥은 모든 열쇠를 바꿀 수밖에 없었다. 놀랍게도, 그는 그곳에 있었던 36년 동안 13번 더 탈출하려고 했다.

27   p. 94

1 ③ 2 ④

ORGANIZING MAP (1) 12-year-old (2) allow (3) dead (4) realized

1 ③은 Miguel의 고조할아버지인 Héctor를 가리키고 나머지는 모두 Miguel을 가리킨다.

2 Miguel이 죽은 자들의 세상에서 가족의 도움으로 현실 세계로 돌아올 수 있었다고 했으므로, 가족의 ④ '소중함'을 깨달았을 것임을 알 수 있다.

오답풀이 ① 여행자 ② 명절 ③ 음악 ⑤ 귀환(돌아옴)

ORGANIZING MAP

주인공	Miguel, 음악을 사랑하는 (1) 12살 소년
갈등 요소	그의 가족은 그가 음악을 연주하는 것을 (2) 허락하지 않았다.
전개	그는 (3) 죽은 자들의 세상으로 가서 자신의 고조할아버지인 Héctor를 만났다.
갈등 해결	Miguel은 집으로 돌아왔고 가족의 소중함을 (4) 깨달았다.

❶ The movie Coco (is) / about Mexico's Day of the Dead.

영화 '코코'는 ~이다 / 멕시코의 '죽은 자들의 날'에 관한 것

❷ Mexicans (celebrate) / this holiday / throughout the country.

멕시코 사람들은 기린다 / 이 명절을 / 나라 전역에서

❸ Family and friends (gather) / together / to remember / the dead.

가족과 친구들이 모인다 / 함께 / 기리기 위해 / 죽은 이를

구문 여기서 to부정사는 목적을 나타내는 부사적 용법으로 쓰였다.

❹ In the movie, / Miguel, / a 12-year-old boy, / (had) / a great love / for music.

영화에서 / Miguel은 / 12살 소년인 / 가지고 있었다 / 대단한 사랑을 / 음악에 대한

⑤ His family, / however, / never allowed / him / to play it.

그의 가족은 / 하지만 / 절대 허락하지 않았다 / 그가 / 음악을 연주하는 것을

구문 「allow+목적어+to-v」는 '~이 …하는 것을 허락하다'라는 의미이다.

⑥ Then, / he accidentally traveled / to the land of the dead.

그리고 / 그는 우연히 갔다 / 죽은 자들의 세상으로

⑦ Miguel met / a man, Héctor, / there.

Miguel은 만났다 / Héctor라는 남자를 / 그곳에서

⑧ He was / a musician, / and surprisingly, / he was / Miguel's long lost great-great-grandfather.

그는 ~였다 / 음악가 / 그리고 놀랍게도 / 그는 ~였다 / 오래 전에 잊혀진 Miguel의 고조할아버지

⑨ They were / family, / and / both had / a love / for music.

그들은 ~였다 / 가족 / 그리고 / 둘 다 가졌다 / 사랑을 / 음악에 대한

⑩ With the help / of his loving family, / Miguel could return / to the real world.

도움으로 / 그의 사랑하는 가족의 / Miguel은 돌아올 수 있었다 / 현실 세계로

⑪ After then, / he realized / the importance / of his family.

그리고 나서 / 그는 깨달았다 / 소중함을 / 그의 가족의

지문해석 영화 '코코'는 멕시코의 '죽은 자들의 날'에 관한 것이다. 멕시코 사람들은 이 명절을 나라 전역에서 기린다. 가족과 친구들이 함께 모여서 죽은 자들을 기린다. 영화에서 12살 소년인 Miguel은 음악을 무척 좋아했다. 하지만, 그의 가족은 그가 음악을 연주하는 것을 절대 허락하지 않았다. 그리고 그는 우연히 죽은 자들의 세상으로 갔다. Miguel은 그곳에서 Héctor라는 남자를 만났다. 그는 음악가였고, 놀랍게도 오래 전에 잊혀진 Miguel의 고조할아버지였다. 그들은 가족이었고, 둘 다 음악을 사랑했다. 그의 사랑하는 가족의 도움으로, Miguel은 현실 세계로 돌아올 수 있었다. 그러고 나서, 그는 가족의 소중함을 깨달았다.

1 (1) ⓑ (2) ⓐ (3) ⓒ

2 (1) escape (2) weigh (3) accidentally
(4) allow (5) celebrate (6) realize

3

g	t	a	k	l	q	u	r
a	u	w	b	d	p	p	v
t	r	a	v	e	l	r	t
h	x	r	a	s	c	i	y
e	r	r	l	l	e	s	j
r	f	e	s	t	r	o	d
w	g	s	e	t	h	n	i
s	x	t	y	m	n	y	z

(1) valley (2) arrest (3) desert
(4) gather (5) prison (6) travel

4 (1) the (2) during
(3) As (4) as

5 (1) go → you go (2) death → dead
(3) is → are (4) in → during

6 (1) collected money for the homeless
(2) Many animals sleep during the winter.

4 (1) '시각장애인'이라는 복수 보통명사는 「the+형용사」인 the blind로 나타낸다.
해석 이 새 학교는 시각장애인들을 위한 것이다.
(2) 뒤에 특정한 기간인 the class가 있으므로 during이 알맞다.
해석 아무도 수업 시간 동안 말하지 않았다.
(3) '해가 뜰 때'라는 의미가 알맞으므로 시간을 나타내는 접속사 As가 적절하다.
해석 해가 뜰 때, 얼음이 녹기 시작한다.
(4) '이곳에 처음 왔기 때문에'라는 의미가 알맞으므로 이유를 나타내는 접속사 as가 적절하다.
해석 그녀는 이곳에 처음 왔기 때문에 도움이 좀 필요할지도 모른다.

5 (1) 접속사 as 뒤에는 「주어+동사」가 오므로 동사 go 앞에 주어 you를 써야 한다.
해석 나갈 때 TV를 꺼 주겠니?
(2) '죽은 사람들'은 「the+형용사」인 the dead로 나타낸다.
해석 그들은 죽은 이들을 기리기 위해 함께 모인다.
(3) 「the+형용사」는 '~한 사람들'이라는 뜻으로 복수 취급한다.
해석 젊은이들이 나라의 희망이다.
(4) '감옥에서의 시간 동안'이라는 뜻이므로 전치사 in 대신에 '~ 동안'이라는 뜻의 during으로 고쳐야 한다.
해석 그는 감옥에서의 시간 동안 여러 번 탈옥하려고 했다.

6 (1) '노숙자들'은 「the+형용사」인 the homeless로 쓴다.
(2) '겨울 동안'은 during the winter로 쓴다.

▶ 각 문제에서, 올바른 등식이 되도록 성냥 한 개를 지우세요.

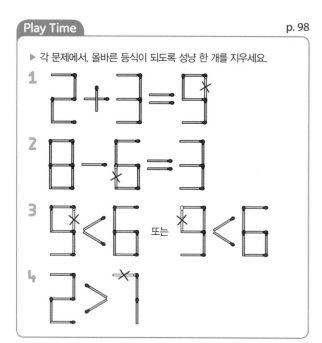

---

28   p. 100

1 ② **2** 아무것도 볼 수 없으면 아무것도 쓰지 않아도 된다고 생각했기 때문에

SUMMARY (1) late (2) write (3) floor (4) anything

1 (A) 앞에서 Johnny가 게으른 소년들 중 한 명이라고 했고, 학교에 항상 늦고 숙제도 늦게 제출한다는 흐름이 자연스러우므로 late(늦은)가 알맞다.
(B) 학생들이 선생님이 지시한 대로 하고 있으므로 선생님의 상태는 happy(만족한)가 알맞다.
(C) 선생님이 학생들에게 그들이 본 것을 공책에 쓰라고 했는데, Johnny는 이를 하지 않으려고 누운 것이므로 write(쓰다)가 알맞다.

2 왜 바닥에 누워 있냐는 선생님의 질문에 대한 Johnny의 답으로 보아, '아무것도 볼 수 없으면 아무것도 쓸 필요가 없다'는 생각에서 한 행동임을 알 수 있다.

SUMMARY

Johnny는 매우 게으르다. 그는 항상 학교에 (1) 늦고 숙제도 대개 늦는다. 버스 여행에서 선생님은 학생들에게 그들이 보는 것들에 대해 (2) 쓰라고 말한다. 하지만 Johnny는 쓰고 싶지 않다. 그래서 그는 (4) 아무것도 보지 않기 위해 버스 (3) 바닥에 누워 있다.

READ CLOSELY   p. 101

❶ Johnny ⓘs / one of the laziest boys / in his class.

Johnny는 ~이다 / 가장 게으른 소년들 중 한 명 / 그의 학급에서

구문 「one of+the 최상급+복수명사」는 '가장 ~한 것들 중 하나'라는 뜻이다.

❷ He's always / late for school / and / his homework ⓘs / usually late, / too.

그는 항상 ~이다 / 학교에 늦는 / 그리고 / 그의 숙제는 ~이다 / 대개 늦는 / 또한

구문 always, usually와 같은 빈도부사는 be동사나 조동사의 뒤, 일반동사의 앞에 온다.

❸ One day / his class / ⓖoes on a bus trip.

어느 날 / 그의 학급이 / 버스 여행을 간다

❹ The teacher ⓢays, / "We ⓦill see / old buildings, / some beautiful countryside, / and many other things.

선생님은 말한다 / 우리는 볼 거야 / 오래된 건물들 / 몇몇 아름다운 시골 지역 / 그리고 많은 다른 것들을

❺ ⓦrite / about them / in your notebook."

쓰거라 / 그것들에 관해 / 너희들의 공책에

6 The children (look out) / the windows / at all the interesting things.

아이들은 내다본다 / 창밖으로 / 모든 흥미로운 것들을

7 They (write)/ in their notebooks.

그들은 적는다 / 그들의 공책에

8 The teacher (is) happy / with them.

선생님은 만족한다 / 그들에게

9 Then / she (sees) / Johnny, / and / he (is lying) / on the floor / of the bus.

그때 / 그녀는 본다 / Johnny를 / 그리고 / 그는 누워 있다 / 바닥에 / 버스의

10 "(Are) you sick?" / she (asks) / him. // "No, ma'am," / he (says).

너 아프니 / 그녀가 묻는다 / 그에게 // 아니요, 선생님 / 그는 말한다

11 "Then / why (are) you (lying) / on the floor?"

그런데 / 너는 왜 누워 있니 / 바닥에

12 "If I can't see / anything," / he (says), "I (don't have to write) / about it, / (do) I?"

만약 제가 볼 수 없으면 / 아무것도 / 그가 말한다 / 저는 쓸 필요가 없는 거죠 / 그것에 관해 / 그렇죠

구문 「don't have to-v」는 '~할 필요가 없다'라는 의미이다.

지문해석 Johnny는 그의 학급에서 가장 게으른 소년들 중 한 명이다. 그는 항상 학교에 늦고, 숙제 제출 또한 대개 늦는다. 어느 날 그의 학급이 버스 여행을 간다. 선생님은 "우리는 오래된 건물들, 몇몇 아름다운 시골 지역, 그리고 많은 다른 것들을 볼 거야. 너희들의 공책에 그것들에 관해 쓰거라."라고 말한다. 아이들은 창밖으로 모든 흥미로운 것들을 내다본다. 그들은 공책에 적는다. 선생님은 그들에게 만족한다. 그때 그녀는 Johnny를 보는데, 그는 버스 바닥에 누워 있다. "너 아프니?"라고 그녀가 그에게 묻는다. "아니요, 선생님."이라고 그가 말한다. "그런데 왜 바닥에 누워 있니?" "제가 아무것도 볼 수 없으면, 그것에 관해 쓸 필요가 없는 거죠, 그렇죠?"라고 그가 말한다.

29   p. 102

1 ②   **2** ③

ORGANIZING MAP (1) shot (2) can't[cannot] hurt (3) air (4) Thunder

1 번개를 보고 천둥소리를 듣기 바로 전에 숫자를 5까지 센다면 번개가 1.5 킬로미터 이상 떨어져 있는 것이라고 했으므로, 숫자를 10까지 세고 천둥 소리를 들었다면 약 3킬로미터 떨어진 곳에 번개가 있음을 알 수 있다.
2 번개와 천둥이 발생하는 시간대에 대한 언급은 없다.

ORGANIZING MAP

천둥에 대한 질의응답	
천둥소리는 무엇처럼 들리는가?	그것은 (1) 총소리처럼 들린다.
천둥이 사람들을 다치게 할 수 있는가?	아니다. 그것은 그들을 (2) 다치게 할 수 없다.
천둥이란 무엇인가?	그것은 번개의 열기에서 나오는 (3) 공기이다.
번개는 천둥 다음에 오는가?	아니다. 그렇지 않다. (4) 천둥이 번개 다음에 온다.

READ CLOSELY   p. 103

1 No one (can see)/ thunder.

아무도 볼 수 없다 / 천둥을

2 It (sounds) like / a shot from a gun.

그것은 ~처럼 들린다 / 총소리

3 Many people (are afraid of)/ thunder.

많은 사람들은 두려워한다 / 천둥을

4 However, / thunder (cannot hurt)/ you.

그러나 / 천둥은 다치게 할 수 없다 / 당신을

5 It (is) / only air / from the heat / of lightning / and / the air (moves) / very fast.

그것은 ~이다 / 단지 공기 / 열기에서 나오는 / 번개의 / 그리고 / 그 공기는 움직인다 / 매우 빨리

6 That (makes)/ the noise.

그것이 만들어 낸다 / 소리를

7 As light moves / much faster / than sound, / you (hear)/ thunder / after you see / lightning.

빛이 움직이기 때문에 / 훨씬 더 빨리 / 소리보다 / 당신은 듣는다 / 천둥소리를 / 당신이 본 후에 / 번개를

구문 much는 비교급을 강조하는 부사로 쓰여서 '훨씬'이라는 뜻을 나타낸다. 이 외에 even, still, far, a lot 등으로 바꿔 쓸 수 있다.

8 Next time you see / lightning, / (start) / to count / slowly.

다음번에 당신이 볼 때 / 번개를 / 시작하라 / 숫자를 세기 / 천천히

구문 next time은 이 문장에서 '다음에 ~할 때'라는 의미의 접속사로 쓰였다.

9 If you count / to five / right before the sound of thunder, / the lightning (is)/ over one and a half kilometers / away.

만약 당신이 숫자를 센다면 / 5까지 / 천둥소리가 나기 바로 전에 / 번개는 있다 / 1.5킬로미터 이상 / 떨어진 곳에

⑩ If you count / to ten, / the lightning is / about three kilometers / away.

만약 당신이 숫자를 센다면 / 10까지 / 번개는 있다 / 약 3킬로미터 / 떨어진 곳에

지문해석 아무도 천둥을 볼 수 없다. 그것은 총소리처럼 들린다. 많은 사람들은 천둥을 두려워한다. 그러나 천둥은 당신을 다치게 할 수 없다. 그것은 단지 번개의 열기에서 나오는 공기이며 그 공기는 매우 빨리 움직인다. 그것이 소리를 만들어 낸다. 빛이 소리보다 훨씬 더 빠르게 움직이기 때문에, 당신은 번개를 본 후에 천둥소리를 듣는다. 다음번에 번개를 볼 때, 천천히 숫자를 세기 시작하라. 만약 천둥소리가 나기 바로 전에 5까지 센다면, 번개는 1.5킬로미터 이상 떨어진 곳에 있는 것이다. 만약 10까지 센다면, 약 3킬로미터 떨어진 곳에 번개가 있는 것이다.

30   p. 104

1 ② **2** ④

FACT CHECK (1) T (2) T (3) F (4) F

1 (a) 앞 내용과 대조를 이루어서 '대신에 스마트폰이 지갑이다'라고 하는 것이 자연스러우므로 '대신에'를 뜻하는 Instead가 알맞다.
(b) 앞 문장의 휴대전화 결제의 편리함과 상반되는 내용이 이어지므로 '하지만'의 의미인 However가 알맞다.
오답풀이 ① 대신에 – 또한 ③ 또는 – 하지만 ④ 그러나 – 대신에
⑤ 그러나 – 예를 들어
2 간단한 터치로 지불할 수 있는 모바일 머니가 편리하다는 내용이므로 ④ '모바일 머니의 편리성'이 제목으로 알맞다.
오답풀이 ① 왜 우리는 현금이 필요한가 ② 모바일 머니를 소유하는 방법 ③ 변화하는 휴대전화 배터리 ⑤ 모바일 머니를 어디에서 사용할 수 있는가

FACT CHECK
(3) 모바일 머니로 지불하면 영수증에 사인할 필요가 없다. (4) 휴대전화가 꺼지면 모바일 머니를 사용할 수 없으므로 배터리에 신경 써야 한다.
해석 (1) 모바일 머니가 우리의 일상생활을 바꾸고 있다. (2) 휴대전화로 식당에서 결제할 수 있다. (3) 모바일 결제 후에 영수증에 서명해야 한다. (4) 휴대전화 배터리가 방전됐더라도 여전히 지불할 수 있다.

READ CLOSELY   p. 105

❶ These days, / people don't bother to carry / money / in a wallet.

요즘에 / 사람들은 일부러 가지고 다니지 않는다 / 돈을 / 지갑에

❷ Instead, / their smartphone is / their wallet.

대신에 / 그들의 스마트폰이 ~이다 / 그들이 지갑

❸ Through banking apps, / everyone is able to have / mobile money.

은행 앱을 통해서 / 모든 사람이 가질 수 있다 / 모바일 머니를

❹ It is changing / our daily lives.

그것이 바뀌고 있다 / 우리의 일상생활을

❺ People can pay / with their phones / in restaurants, markets, etc.

사람들은 지불할 수 있다 / 그들의 휴대전화로 / 식당, 시장 등에서

❻ They don't even need to sign / a receipt.

그들은 심지어 사인할 필요가 없다 / 영수증에

❼ The simple action / of touching / makes a payment / in a second.

간단한 행동이 / 터치하는 / 결제한다 / 순식간에

❽ How convenient it is!

얼마나 편리한가

❾ Researchers say / the end of cash / is coming soon.

연구자들은 말한다 / 현금의 종말이 / 곧 온다
구문 say 뒤에 명사절을 이끄는 접속사 that이 생략되어 있으며, the end of cash is coming soon이 say의 목적어 역할을 하는 명사절이다.

❿ We're on our way / to a cash-free society.

우리는 가고 있다 / 현금 없는 사회로

⓫ Many people think / the touch and pay system is / more convenient.

많은 사람들은 생각한다 / 터치해서 지불하는 방식이 ~이다 / 더 편리한

⓬ However, / keep an eye on / your phone battery, / or / you will be / penniless!

하지만 / ~을 지켜봐라 / 당신의 휴대전화 배터리 / 그렇지 않으면 / 당신은 ~일 것이다 / 빈털터리의
구문 「명령문 ~, or ...」는 '~해라, 그렇지 않으면 …'라는 의미이다.

지문해석 요즘에 사람들은 일부러 지갑에 돈을 가지고 다니지 않는다. 대신에, 그들의 스마트폰이 그들이 지갑이다. 은행 앱을 통해서, 모든 사람이 모바일 머니를 가질 수 있다. 그것이 우리의 일상생활을 바꾸고 있다. 사람들은 식당, 시장 등에서 휴대전화로 지불할 수 있다. 그들은 심지어 영수증에 사인할 필요도 없다. 터치하는 간단한 행동으로 순식간에 결제한다. 얼마나 편리한가!
연구자들은 현금의 종말이 곧 온다고 말한다. 우리는 현금 없는 사회로 가고 있다. 많은 사람들은 터치해서 지불하는 방식이 더 편리하다고 생각한다. 하지만, 당신의 휴대전화 배터리를 지켜봐라, 그렇지 않으면 당신은 빈털터리가 될 것이다!

REVIEW TIME

pp. 106~107

1 (1) ⓓ   (2) ⓐ   (3) ⓒ

2 (1) thunder   (2) bother   (3) through
   (4) countryside (5) interesting (6) lightning

3

```
c m s l r k x d
w u (s i m p l e)
(f l o o r) e y s
x n (c o u n t) z
(n o i s e) j y v
v (r e c e i p t)
t f t t q u b w
g o (y) h p i u a
```

(1) society   (2) simple   (3) count
(4) receipt   (5) floor   (6) noise

4 (1) aren't   (2) No
  (3) this book is   (4) do

5 (1) don't   (2) How
  (3) no   (4) convenient

6 (1) Math is difficult, isn't it?
  (2) How beautiful the flowers are!

4 (1) 앞 문장이 be동사가 쓰인 긍정문이므로 부가의문문은 aren't we가
알맞다.

해석 우리 늦었어, 그렇지 않니?

(2) 명사 앞에 쓰여 '전혀 없다'는 의미를 나타내는 것은 no이다.

해석 아무도 천둥을 볼 수 없다.

(3) how로 시작하는 감탄문은 「How+형용사[부사]+주어+동사!」의
순서로 쓴다. 따라서 this book is가 옳은 순서이다.

해석 이 책은 얼마나 지루한지!

(4) 앞 문장에 don't가 쓰였으므로 부가의문문은 do I가 알맞다. have
to를 부가의문문으로 만들 때는 일반동사로 취급하여, 앞이 긍정이면
「don't+주어?」로, 부정이면 「do+주어?」로 쓴다.

해석 나는 그것에 대해 쓸 필요가 없어, 그렇지?

5 (1) 앞 문장이 일반동사가 쓰인 긍정문이므로 부가의문문은 don't
you가 되어야 한다.

해석 너 피자 좋아하지, 그렇지 않니?

(2) The boy runs very fast.라는 문장에서 부사 fast를 강조하는 감
탄문으로 바꾼 것으로, 형용사나 부사를 강조하는 감탄문은 how로 시작
한다.

해석 저 소년은 얼마나 빨리 달리는지!

(3) '동물이 없다'라는 의미를 나타내려면 명사 animals 앞에 no를 써
준다.

해석 동물원에 동물이 없다.

(4) Mobile money is very convenient.를 감탄문으로 바꾼 것이므
로 형용사 convenient가 쓰여야 한다.

해석 모바일 머니는 얼마나 편리한가!

6 (1) be동사가 쓰인 긍정문으로 '수학은 어렵다'를 나타내고 부가의문문
은 부정문으로 쓴다.

(2) 형용사 beautiful을 강조하는 감탄문이므로 「How+형용사+주어
+동사!」의 순서로 쓴다.

Play Time

p. 108

▶ 두 그림을 합치면 무엇이 그려질 지 추측해 보세요.

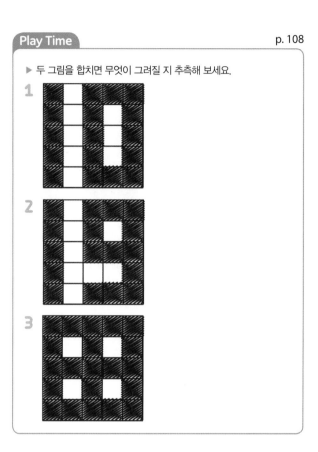

31
p. 110

1 ⑤   **2** Selling Cars
ORGANIZING MAP (1) company (2) Select (3) Put
(4) lower (5) Drive away

1 자동차를 판매하는 자동판매기가 생겨났다는 것과 자동차를 구매하는 절차를 설명하는 내용이므로, 글의 목적으로는 ⑤가 알맞다.
2 글의 제목으로는 '자동차를 판매하는 새로운 자동판매기'가 알맞다.

ORGANIZING MAP

(1) 회사의 웹사이트를 방문하라.
자동차를 (2) 선택하고 그에 대한 자금 조달 계획을 세워라.
커다란 동전 하나를 슬롯에 (3) 넣어라.
기계가 당신의 자동차를 당신에게 (4) 내려줄 것이다.
당신의 자동차를 (5) 타고 떠나라!

READ CLOSELY
p. 111

❶ You (see) / many vending machines / on the street / every day.

당신은 본다 / 많은 자동판매기를 / 거리에서 / 매일

❷ They (sell) / drinks, candy, and tissues. // These (are) / the usual, boring items.

그것들은 판다 / 음료수, 사탕, 그리고 화장지를 // 이것들은 ~이다 / 흔하고 따분한 물품들

❸ These days, / huge vending machines / in the U.S. / (are selling) / a new item.

요즘 / 거대한 자동판매기가 / 미국에서 / 팔고 있다 / 새로운 물품을

❹ These new vending machines / (are selling) / cars.

이 새로운 자동판매기는 / 팔고 있다 / 자동차를

❺ The machines (are) / as tall as / seven-story buildings.

그 기계는 ~이다 / ~만큼 높은 / 7층 높이의 건물

❻ Then, / (can) you just (walk up) / to one of these machines / and / (buy) a car?

그렇다면 / 당신은 그저 다가갈 수 있는가 / 이 기계들 중 하나에 / 그리고 / 자동차를 살 수 있는가

❼ No, you (can't). // Here (are) / the steps / to help you.

아니다, 당신은 그럴 수 없다 // 여기 ~이 있다 / 단계들이 / 당신을 도와주기 위한
구문 to help는 앞의 명사 the steps를 수식하는 to부정사의 형용사적 용법이다.

❽ First, / (visit) / the company's website.

먼저 / 방문하라 / 그 회사의 웹사이트를

❾ (Select) a car / and / (set up) financing / for it.

자동차를 선택하라 / 그리고 / 자금 조달 계획을 세워라 / 그것에 대한

❿ It only (takes) / about 10 minutes! // Then, / you (can pick up) / the car / at a machine.

(시간이) ~만큼만 걸리다 / 약 10분 // 그리고 나서 / 당신은 가져갈 수 있다 / 자동차를 / 기계에서

⓫ When you go / to pick it up, / you (will get) / a large coin.

당신이 갈 때 / 자동차를 가지러 / 당신은 받을 것이다 / 커다란 동전 하나를

⓬ You('ll) then (put) / the coin / into a slot.

당신은 그런 다음에 넣을 것이다 / 동전을 / 슬롯 안에

⓭ The coin (tells) / the machine / to lower your car / to you.

동전은 말한다 / 그 기계에게 / 당신의 자동차를 내려주라고 / 당신에게
구문 「tell+목적어+to-v」는 '~에게 …하라고 말하다'라는 의미이다.

⓮ Now / you (can drive) / it / (away).

이제 / 당신은 몰고 갈 수 있다 / 그것을 / 다른 데로

지문해석 당신은 거리에서 많은 자동판매기를 매일 본다. 그것들은 음료수, 사탕, 그리고 화장지를 판다. 이런 것들은 흔하고 따분한 물품들이다. 요즘 미국에서 거대한 자동판매기가 새로운 물품을 팔고 있다. 이 새로운 자동판매기들은 자동차를 팔고 있다. 그 기계는 7층 높이의 건물만큼 높다. 그렇다면, 당신은 그저 이 기계 중 하나에 다가가서 자동차를 살 수 있는가? 아니다. 당신은 그럴 수 없다. 여기 당신을 도와주기 위한 단계들이 있다.
먼저, 그 회사의 웹사이트를 방문하라. 자동차를 선택하고 그것에 대한 자금 조달 계획을 세워라. 그것은 약 10분밖에 걸리지 않는다! 그리고 나서 당신은 기계(자동판매기)에서 자동차를 가져갈 수 있다. 당신이 자동차를 가지러 갈 때, 당신은 커다란 동전을 받을 것이다. 당신은 그런 다음에 동전을 슬롯 안에 넣을 것이다. 동전은 그 기계에게 당신의 자동차를 당신에게 내려주라고 말한다. 이제 당신은 그것을 몰고 갈 수 있다.

32
p. 112

1 ②   **2** ④
FACT CHECK (1) F (2) T (3) F (4) T

1 주어진 문장은 '여기 한 예가 있다.'라는 뜻으로 뒤에는 an example(예시)의 구체적인 내용이 올 것이다. 따라서 Tammy의 이야기가 나오기 전인 ②에 들어가는 것이 알맞다.
2 이 글의 주제문은 첫 번째 문장으로, 상대의 말을 잘 들어주는 것의 효과에 대한 내용이 이어지고 있다. 따라서 좋은 친구가 되고 싶으면 상대방의 말을 잘 들어주라는 ④가 요지로 알맞다.

(1) Tammy는 부모님과 잘 지내지 못하고 있었다고 했다. (3) Brenda는 Tammy에게 조언을 해 주지 않고 들어주기만 했다.

READ CLOSELY   p. 113

❶ If you want / to be a good friend, / (be) a good listener.

만약 당신이 원한다면 / 좋은 친구가 되기를 / 잘 들어주는 사람이 되어라

❷ If no one listens to / your friend, / he or she (will feel) lonely.

만약 아무도 귀를 기울이지 않는다면 / 당신 친구에게 / 그 또는 그녀는 외로움을 느낄 것이다

구문 「feel+형용사」는 '~하게 느끼다', '~한 느낌이 들다'라는 의미로 feel 뒤에 형용사가 오는 것에 유의한다.

❸ However, / your friend (will feel) better / if you listen.

하지만 / 당신의 친구는 기분이 나아질 것이다 / 당신이 들어준다면

❹ Tammy and her parents (were not getting along) well.

Tammy와 그녀의 부모님은 잘 지내지 못하고 있었다

❺ She (felt) sad / because / they didn't seem / to love her.

그녀는 슬펐다 / ~하기 때문에 / 그들이 ~인 것 같지 않았다 / 그녀를 사랑하는 것

❻ Then one day, / Tammy (met) / her friend, Brenda.

그러던 어느 날 / Tammy는 만났다 / 그녀의 친구 Brenda를

❼ They (talked about) / many things.

그들은 이야기를 나누었다 / 많은 것들에 대해

❽ Tammy (told) / Brenda / about her worries, / and / Brenda (listened).

Tammy는 말했다 / Brenda에게 / 그녀의 걱정에 대해 / 그리고 / Brenda는 들어주었다

❾ Brenda (didn't give) / advice, / but / Tammy (started) / to feel better.

Brenda는 주지 않았다 / 조언을 / 하지만 / Tammy는 시작했다 / 기분이 나아지기

❿ Being a good listener (is) / enough to change / someone's feelings.

잘 들어주는 사람이 되는 것은 ~이다 / 바꾸기에 충분한 / 누군가의 기분을

구문 「enough+to-v」는 '~하기에 충분한'이라는 의미이다.

⓫ Here (is) / an example.

여기 있다 / 한 예가

지문해석 만약 당신이 좋은 친구가 되기를 원한다면, 잘 들어주는 사람이 되어라. 만약 아무도 당신 친구에게 귀를 기울이지 않는다면, 그 또는 그녀는 외로울 것이다. 하지만, 당신이 들어준다면, 당신의 친구는 기분이 나아질 것이다. 여기 한 예가 있다. Tammy와 그녀의 부모님은 잘 지내지 못하고 있었다.

그녀는 그녀의 부모님이 자신을 사랑하는 것 같지 않았기 때문에 슬펐다. 그러던 어느 날, Tammy는 그녀의 친구 Brenda를 만났다. 그들은 많은 것들에 대해 이야기를 나눴다. Tammy는 Brenda에게 그녀의 걱정에 대해 말했고, Brenda는 들어주었다. Brenda가 조언을 해 주지 않았지만, Tammy는 기분이 나아지기 시작했다. 잘 들어주는 사람이 되는 것은 누군가의 기분을 바꾸기에 충분하다.

READING 33   p. 114

1 ② **2** ③

SUMMARY MAP (1) art (2) good luck (3) pictures (4) left

1 친구들과 잘 지내고 싶으면 친구들의 사진을 삼각형으로 배치하고, 더 좋은 성적을 얻고 싶으면 책상을 문 왼쪽에 배치하라는 조언으로 보아, 풍수는 ② '배치'의 기술임을 알 수 있다.

오답풀이 ① 치유 ③ 감정 ④ 웰빙(잘 살기) ⑤ 우정

2 풍수를 사용하면 행운을 가져올 수 있고 좋은 기운이 자유롭게 흐를 수 있다고 했으므로, ③ unhappiness(불행)를 good luck[fortune](행운)과 같은 단어로 고쳐야 한다.

SUMMARY MAP

풍수는 배치의 (1) 기술이다. 그것은 과학이 아니다. 당신은 (2) 행운을 가져오기 위해 그것을 사용할 수 있다.

↓

더 많은 친구를 사귀기 위해서	더 좋은 성적을 받기 위해서
친구들의 (3) 사진을 삼각형으로 걸어라.	책상을 문 (4) 왼쪽에 놓아라.

READ CLOSELY   p. 115

❶ (Do) you (want) / to make more friends?

당신은 원하는가 / 더 많은 친구를 사귀기를

구문 「want+to-v」는 '~하기를 원하다'라는 뜻으로 want는 to부정사를 목적어로 취한다.

❷ (Use) / feng shui / to organize / your friends' pictures!

사용하라 / 풍수를 / 정리하기 위해 / 친구들의 사진을

❸ (Do) you (want) / to get better grades?

당신은 원하는가 / 더 좋은 성적을 받기를

❹ (Use) / feng shui / to put your desk / in the right place.

사용하라 / 풍수를 / 당신의 책상을 두기 위해 / 알맞은 장소에

❺ Feng shui (is) / the art of placement.

풍수는 ~이다 / 배치의 기술

⑥ It (is not) / a science, / but / you (can use) / *feng shui* / to bring good luck.

그것은 ~이 아니다 / 과학 / 하지만 / 당신은 사용할 수 있다 / 풍수를 / 행운을 가져오기 위해

⑦ When you use / *feng shui*, / good energy (can move) / freely.

당신이 사용할 때 / 풍수를 / 좋은 기운이 흐를 수 있다 / 자유롭게

⑧ And / this (will bring) / you / unhappiness(→ good luck).

그리고 / 이것이 가져다 줄 것이다 / 당신에게 / 불행(→ 행운)을

구문 bring은 수여동사로 쓰일 때 「bring+간접목적어+직접목적어」 형태로 '~에게 …을 가져다 주다'라는 뜻을 나타낸다.

⑨ So / (hang) / your friends' pictures / in a triangle / to get along better with them.

그러므로 / 걸어라 / 친구들의 사진을 / 삼각형으로 / 그들과 더 잘 지내기 위해서

⑩ And / (move) / your desk / to the left of the door / to get better grades.

그리고 / 옮겨라 / 당신의 책상을 / 문의 왼쪽으로 / 더 좋은 성적을 받기 위해서

⑪ If you follow / these tips, / you (can expect) / to be lucky.

당신이 따른다면 / 이 조언들을 / 당신은 기대할 수 있다 / 운이 좋을 것이라고

구문 「expect+to-v」는 '~하기를 기대하다'라는 의미로 expect는 목적어로 to부정사를 취한다.

지문해석 더 많은 친구를 사귀기를 원하는가? 친구들의 사진을 정리하기 위해 풍수를 사용하라! 더 좋은 성적을 받기를 원하는가? 당신의 책상을 알맞은 장소에 두기 위해 풍수를 사용하라. 풍수는 배치의 기술이다. 그것은 과학은 아니지만, 행운을 가져오기 위해 풍수를 사용할 수 있다. 당신이 풍수를 사용할 때, 좋은 기운이 자유롭게 흐를 수 있다. 그리고 이것이 당신에게 불행(→ 행운)을 가져다 줄 것이다. 그러므로 친구들과 더 잘 지내기 위해서 그들의 사진을 삼각형으로 걸어라. 그리고 더 좋은 성적을 받기 위해서 책상을 문의 왼쪽으로 옮겨라. 당신이 이 조언들을 따른다면, 당신이 운이 좋을 것이라고 기대할 수 있다.

EVIEW TIME

1 (1) ⓓ   (2) ⓐ   (3) ⓑ

2 (1) lonely   (2) placement   (3) lower
    (4) finance   (5) grade   (6) worry

3

```
o c o m p a n y
r k b w c z h d
g p l y o s a n
a j b o r i n g
n s k j n g g c
i y e x p e c t
z i t h r g z f
e n o u g h m
```

   (1) enough   (2) boring   (3) hang
   (4) organize   (5) company   (6) expect

4 (1) It   (2) to hear
   (3) to   (4) to love

5 (1) being → be   (2) take → takes
   (3) put → to put   (4) winning → win

6 (1) It takes an hour to get to the airport.
   (2) The homeless cat seems to be sick.

4 (1) '시간이 ~ 걸리다'라고 나타낼 때는 비인칭 주어 it을 이용한다.
해석 버스로 1시간이 걸린다.
(2) 「seem+to-v」는 '~인 것 같다'는 의미이다.
해석 그는 너의 말을 듣지 않는 것 같다.
(3) '행운을 가져오기 위해서'이므로 목적을 나타내는 to부정사의 부사적 용법인 to bring이 알맞다.
해석 행운을 가져오기 위해 풍수를 사용할 수 있다.
(4) '사랑하는 것 같지 않았다'라는 뜻이므로 「seem+to-v」 형태인 seem to love가 알맞다.
해석 그녀는 그들이 자신을 사랑하는 것 같지 않았기 때문에 슬펐다.

5 (1) '~인 것 같다'는 「seem+to-v」로 나타내므로 being을 be로 고친다.
해석 너의 개가 배고픈 것 같다.
(2) '시간이 ~ 걸리다'는 「It takes+시간」으로 나타낸다. it이 단수이므로 동사도 단수동사가 온다.
해석 약 10분밖에 걸리지 않는다!
(3) 목적을 나타내는 to부정사의 부사적 용법인 to put으로 고친다.
해석 당신의 책상을 알맞은 장소에 두기 위해 풍수를 사용하라.
(4) '이기기 위해서'라는 의미가 되어야 하므로 목적을 나타내는 부사적 용법인 to win으로 고친다.
해석 모든 선수들이 경기에서 이기기 위해 열심히 연습했다.

6 (1) '시간이 ~ 걸리다'는 「It takes＋시간」으로 나타내므로 It takes an hour ~로 쓴다.

(2) '아픈 것 같다'는 「seem＋to-v」를 이용하여 seems to be sick으로 쓴다.

▶ 고대 기호를 보고 각 기호에 맞는 글자로 빈칸을 채우세요.

34　　　　　　　　　　　p. 120

1 ② **2** space, Earth

FACT CHECK (1) F (2) T (3) F (4) T

1 ②는 fruit and bread를 가리키고, 나머지는 모두 astronauts를 가리킨다.

2 주제문인 첫 번째 문장(Life in space is quite different from life on Earth.)을 함축한 글의 제목을 완성한다.

해석 우주에서 사는 것과 지구에서 사는 것의 차이점

FACT CHECK

(1) 우주 비행사는 우주선 안에서는 일상복을 입고, 우주선 밖에서는 우주복을 입는다. (3) 우주에서는 뼈와 근육이 약해지므로 건강하게 지내기 위해 규칙적으로 운동을 해야 한다.

READ CLOSELY　　　　　　　p. 121

❶ Life in space is / quite different / from life on Earth.

우주에서의 생활은 ~이다 / 꽤 다른 / 지구에서의 생활과

❷ Astronauts wear / everyday clothing / inside the spaceship.

우주 비행사들은 입는다 / 일상복을 / 우주선 안에서

❸ But / when they travel / outside the spaceship, / they have to wear / a spacesuit.

하지만 / 그들이 이동할 때 / 우주선 밖으로 / 그들은 입어야 한다 / 우주복을

❹ The meals in space are very similar to / those on Earth.

우주에서의 식사들은 ~와 매우 비슷하다 / 지구에서의 그것들과

구문 those는 the meals를 대신하는 대명사이고, 뒤의 전치사구 on Earth가 those를 수식한다.

❺ Astronauts eat / fruit and bread / just as they are.

우주 비행사들은 먹는다 / 과일과 빵을 / 있는 그대로

❻ However, / the foods are / in small packs.

하지만 / 음식물은 ~에 있다 / 작은 용기들 안에

❼ Then / your meals won't fly away / in the air.

그래서 / 당신의 음식이 떠다니지 않을 것이다 / 공중에서

❽ In space, / the bones and muscles / of astronauts / become weak.

우주에서는 / 뼈와 근육이 / 우주 비행사들의 / 약해진다

❾ So, / they have to exercise regularly / to stay / strong and healthy.

따라서 / 그들은 규칙적으로 운동해야 한다 / 지내기 위해서 / 튼튼하고 건강하게

⑩ Next, / the toilet is / no different.

다음으로 / 변기는 ~이다 / 다르지 않은

⑪ It's small, / but / strong air flushes / the waste / into a special pipe.

그것은 작다 / 하지만 / 강한 바람이 씻어 내린다 / 배설물을 / 특수한 배관으로

⑫ To wash, / astronauts use / a freshwater hose.

씻기 위해서 / 우주 비행사들은 사용한다 / 물 호스를

⑬ It showers / them, / and / a vacuum hose takes away / all the water.

그것이 물을 뿌린다 / 그들에게 / 그리고 / 진공 호스가 제거한다 / 모든 물기를

⑭ They vacuum / themselves!

그들은 진공청소기로 깨끗이 한다 / 그들 자신을

구문 themselves는 '그들 자신'이라는 의미의 재귀대명사이다. 목적어가 주어와 같을 때 재귀대명사를 사용한다.

지문해석 우주에서의 생활은 지구에서의 생활과 꽤 다르다. 우주 비행사들은 우주선 안에서 일상복을 입는다. 하지만 우주선 밖으로 이동할 때는, 우주복을 입어야 한다. 우주에서의 식사는 지구에서의 식사와 매우 비슷하다. 우주 비행사들은 과일과 빵을 있는 그대로 먹는다. 하지만, 음식물은 작은 용기들 안에 있다. 그래서 당신의 음식이 공중에서 떠다니지 않을 것이다. 우주에서는, 우주 비행사들의 뼈와 근육이 약해진다. 따라서 그들은 튼튼하고 건강하게 지내기 위해서 규칙적으로 운동을 해야 한다. 다음으로, 변기는 다르지 않다. 그것은 작지만, 강한 바람이 배설물을 특수한 배관으로 씻어 내린다. 씻기 위해서, 우주 비행사들은 물 호스를 사용한다. 그것이 그들에게 물을 뿌리고 진공 호스가 모든 물기를 제거한다. 그들은 진공청소기로 그들 자신을 깨끗이 한다!

READING 35

p. 122

1 ④   2 ④

SUMMARY (1) magic (2) manners (3) nice (4) teach

1 빈칸 (a)에 이어지는 내용이 앞에 나온 내용과 상반된 내용이므로 역접의 의미 혹은 대안을 나타내는 but, however, instead 등의 연결어가 알맞다. 빈칸 (b) 다음에 앞 문장의 내용에 해당하는 예시가 나왔으므로 for example, for instance 등의 연결어가 알맞다. 따라서 정답은 ④이다.

오답풀이 ① 그리고 – 그러나 ② 그리고 – 그래서 ③ 대신에 – 사실은 ⑤ 그러나 – 그러나

2 사람들이 마법의 말로 부르는 'please'와 'thank you'를 말할 때 사용하면 듣는 사람으로 하여금 긍정적인 반응을 끌어낼 수 있다는 내용이므로 ④ '당신이 마법의 말을 해야 하는 이유'가 주제로 적절하다.

오답풀이 ① 새로운 단어를 배우는 방법 ② 마술 묘기를 부리는 방법 ③ 부모가 자녀에게 가르치는 것 ⑤ 당신이 부모님께 말해야 할 것

SUMMARY

'부디'와 '고맙습니다'라는 말은 (1)마법처럼 작용한다. 만약 당신이 이 말들을 자주 말한다면, 사람들은 당신이 (2)예의가 바르고 어울리기에 (3)좋다고 생각할 것이다. 그래서 부모들은 항상 그들의 자녀들에게 이 말들을 사용하라고 (4)가르친다.

READ CLOSELY

p. 123

❶ The words / "please" and "thank you" / work / like magic.

말들은 / '부디'와 '고맙습니다'라는 / 작용한다 / 마법 같이

구문 The words와 "please" and "thank you"는 동격이다.

❷ If you say / "Water!" / to your mom, / she may not bring / you / water.

만약 당신이 말한다면 / '물!'이라고 / 당신의 엄마에게 / 그녀는 가져다주지 않을 수도 있다 / 당신에게 / 물을

❸ Instead, / if you say / "Water, please," / she may bring / you / water.

대신에 / 만약 당신이 말한다면 / '물 좀 주세요'라고 / 그녀는 가져다줄 수도 있다 / 당신에게 / 물을

❹ When your friend's mother makes / delicious food / for you, / you should say / "Thank you."

당신 친구의 엄마가 만들 때 / 맛있는 음식을 / 당신을 위해 / 당신은 말해야 한다 / '고맙습니다'라고

❺ She will smile / at you / and / think / you have good manners.

그녀는 미소 지을 것이다 / 당신에게 / 그리고 / 생각할 (것이다) / 당신이 예의 바르다고

❻ If you use / these words / often, / people will also think / you are nice / to be around.

만약 당신이 사용한다면 / 이 말들을 / 자주 / 사람들은 또한 생각할 것이다 / 당신이 좋다고 / 어울리기에

구문 to be around는 앞의 형용사 nice를 수식하는 to부정사의 부사적 용법으로 쓰였다.

❼ So / people call / them / the "magic words."

그래서 / 사람들은 부른다 / 그것들을 / '마법의 말'이라고

❽ Parents always teach / their children / to use these words.

부모들은 항상 가르친다 / 그들의 아이들에게 / 이 말들을 사용하라고

❾ For example, / when a young boy, Kevin, says, / "Pass me the salt," / at the dinner table, / his mother asks, / "What's the magic word, Kevin?"

예를 들어 / 어린 소년인 Kevin이 말할 때 / '소금 좀 건네줘'라고 / 식탁에서 / 그의 엄마는 묻는다 / '마법의 말이 뭐지, Kevin'

⓪ Then / young Kevin (says) again, / "Please, (pass) me the salt."

그러면 / 어린 Kevin이 다시 말한다 / '소금 좀 건네주세요'

⓫ Then / his mother (gives) / Kevin / the salt / and / Kevin (says), / "(Thank) you."

그러면 / 그의 엄마는 준다 / Kevin에게 / 소금을 / 그리고 / Kevin은 말한다 / '고맙습니다'라고

지문해석 '부디'와 '고맙습니다'라는 말은 마법 같은 효과가 있다. 만약 당신이 '물!'이라고 엄마에게 말한다면, 엄마는 당신에게 물을 가져다주지 않을 수 있다. 대신에, 만약 당신이 '물 좀 주세요.'라고 말한다면, 엄마는 물을 가져다 줄 수도 있다. 친구의 엄마가 당신을 위해 맛있는 음식을 만들어 주실 때, 당신은 '고맙습니다.'라고 말해야 한다. 그녀는 당신에게 미소를 지을 것이고 당신이 예의 바르다고 생각할 것이다. 만약 당신이 이 말들을 자주 사용한다면, 사람들은 또한 당신이 어울리기에 좋다고 생각할 것이다. 그래서 사람들은 이것들을 '마법의 말'이라고 부른다. 부모들은 항상 자녀들에게 이 말들을 사용하도록 가르친다. 예를 들어, 어린 소년 Kevin이 '소금 좀 건네줘.'라고 식탁에서 말하면, 그의 엄마는 'Kevin, 마법의 말이 뭐지?'라고 묻는다. 그러면 어린 Kevin은 '소금 좀 건네주세요.'라고 다시 말한다. 그러면 그의 엄마는 Kevin에게 소금을 주고 Kevin은 '고맙습니다.'라고 말한다.

36 p. 124

1 ① **2** ⑤

ORGANIZING MAP (1) cosmetics (2) salted (3) store (4) payment

1 소금이 현재와 과거에 어떤 용도로 쓰였는지에 대한 글이므로 ① '바다는 왜 짤까?'는 전체 흐름과 관련이 없다.

2 고대에는 소금을 생산하는 데 시간이 오래 걸렸다고 했으므로 ⑤ '고대인들은 짧은 시간에 소금을 생산할 수 있었다.'는 글의 내용과 일치하지 않는다.

해석 ① 소금은 우리 생활에서 필요한 물품이다. ② 과거의 사람들은 그들의 신선한 음식을 보관하기 위해서 소금을 사용했다. ③ 로마 군인들은 소금으로 급여를 받았다. ④ 소금은 고대에 금만큼 귀중했다.

ORGANIZING MAP

소금의 사용	
현재	사람들은 소금을 음식에서 (1)화장품까지 많은 다양한 방식으로 사용한다.
과거	- 사람들은 그들의 신선한 음식을 오랫동안 (3)보관하기 위해서 (2)소금을 뿌렸다. - 로마 군인들은 (4)보수로 소금을 받았다.

READ CLOSELY p. 125

❶ Salt (is) / one of the necessary things / in our daily lives.

소금은 ~이다 / 필요한 것들 중 하나 / 우리의 일상생활에서

❷ Why (is) the ocean / salty?

왜 바다는 ~일까 / 짠

❸ Today, / we (use) it / in many different ways, / from food to cosmetics.

오늘날 / 우리는 그것을 사용한다 / 많은 다양한 방식으로 / 음식에서 화장품까지

❹ However, / the history of salt (is) / very long.

하지만 / 소금의 역사는 ~이다 / 매우 긴

❺ In the past, / people (salted) / their fresh foods, / such as meat, fish, and vegetables.

과거에 / 사람들은 소금을 뿌렸다 / 그들의 신선한 음식에 / 고기, 생선 그리고 채소와 같은

구문 such as는 '~와 같은'이라는 의미로, 예를 들 때 쓰는 표현이다.

❻ Then / people (could store) / the foods / for a long time.

그러면 / 사람들은 보관할 수 있었다 / 그 음식을 / 오랫동안

❼ Interestingly, / people (used) / salt / as money / in ancient times.

흥미롭게도 / 사람들은 사용했다 / 소금을 / 돈으로 / 고대에

❽ It (was called) / the "white gold."

그것은 ~으로 불렸다 / '하얀 금'

구문 be called는 '~으로 불리다'라는 뜻이다.

❾ Roman soldiers (received) / a handful of salt / as payment / each day.

로마의 군인들은 받았다 / 소금 한 줌을 / 보수로 / 매일

❿ They (exchanged) / the salt / for other things, / mainly food.

그들은 교환했다 / 소금을 / 다른 것들로 / 주로 식료품으로

⓫ Back then, / salt (was) / as valuable as gold.

그 당시에 / 소금은 ~였다 / 금만큼 귀중한

⓬ This (was) because / there were / few salt mines / and / it took a lot of time / to produce salt.

이는 ~때문이었다 / ~들이 있었다 / 거의 없는 소금 광산 / 그리고 / 많은 시간이 걸렸다 / 소금을 생산하는 데

지문해석 소금은 우리의 일상생활에서 필요한 것들 중 하나이다. (왜 바다는 짤까?) 오늘날, 우리는 소금을 음식에서 화장품까지 많은 다양한 방식으로 사용한다. 하지만, 소금의 역사는 매우 길다. 과거에 사람들은 고기, 생선, 채소와 같은 신선한 음식에 소금을 뿌렸다. 그러면 사람들은 그 음식을 오랫동안 보관할 수 있었다.

흥미롭게도, 사람들은 고대에 소금을 돈으로 사용했다. 그것은 '하얀 금'으로 불렸다. 로마의 군인들은 보수로 매일 소금 한 줌을 받았다. 그들은 소금을 다른 것들, 주로 식료품으로 교환했다. 그 당시에 소금은 금만큼 귀중했다. 이는 소금 광산이 거의 없었고 소금을 생산하는 데 많은 시간이 걸렸기 때문이었다.

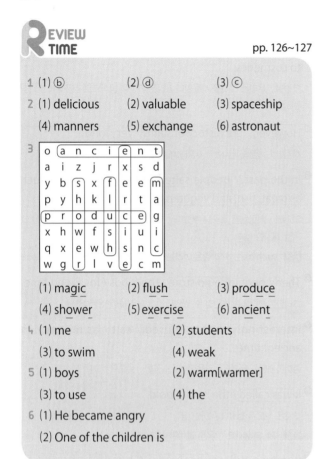

REVIEW TIME

pp. 126~127

1 (1) ⓑ   (2) ⓓ   (3) ⓒ

2 (1) delicious   (2) valuable   (3) spaceship
   (4) manners   (5) exchange   (6) astronaut

3
```
o a n c i e n t
a i z j r x s d
y b s x f e e m
p y h k l r t a
p r o d u c e g
x h w f s i u i
q x e w h s n c
w g r l v e c m
```

   (1) magic   (2) flush   (3) produce
   (4) shower   (5) exercise   (6) ancient

4 (1) me   (2) students
   (3) to swim   (4) weak

5 (1) boys   (2) warm[warmer]
   (3) to use   (4) the

6 (1) He became angry
   (2) One of the children is

4 (1) 「teach+목적어+to-v」는 '～에게 …하라고 가르치다'라는 의미이며 동사 teach 다음에 목적격이 온다.
[해석] 우리 엄마는 내게 다른 사람들을 도우라고 가르치셨다.
(2) '～들 중의 하나'는 「one of+the+복수명사」로 쓰므로 students가 알맞다.
[해석] 학생들 중 한 명이 그 시험에 통과했다.
(3) 「teach+목적어+to-v」 형태로 쓰므로 to swim이 알맞다.
[해석] Mark는 아들에게 바다에서 수영하는 것을 가르치고 있다.
(4) '～해지다'라는 뜻으로 상태의 변화를 나타낼 때는 「become+형용사」로 쓰므로 형용사 weak가 알맞다.
[해석] 우주에서는 우주 비행사들의 뼈가 약해진다.

5 (1) 「one of+the+복수명사」이므로 boy를 boys로 쓴다.
[해석] Tom은 영화 속 소년들 중 한 명이다.
(2) '～해지다'는 「become+형용사」로 나타낼 수 있다. 형용사 원급인 warm 혹은 비교급 warmer로도 쓸 수 있다. 비교급이 쓰이면 '더 ～해지다'라는 뜻이 된다.
[해석] 날씨가 (더) 따뜻해지고 있다.

(3) '자녀들에게 사용하라고 가르치다'이므로 to use로 써야 한다.
[해석] 부모들은 자녀들에게 이 말들을 사용하도록 항상 가르친다.
(4) 「one of+the+복수명사」 형태이므로 a를 the로 바꾼다.
[해석] 소금은 우리의 일상생활에서 필요한 것들 중 하나이다.

6 (1) '화가 났다'를 become을 포함하여 과거형으로 써야 하므로 became angry로 쓴다.
(2) '그 아이들 중 하나'는 one of the children이고, 주어가 단수인 one이므로 동사도 단수형 is를 쓴다.

Play Time

p. 128

▶ 로켓이 달에 도착할 수 있도록 하세요.

www.mirae-n.com

학습하다가 이해되지 않는 부분이나 정오표 등의 궁금한 사항이 있나요?
미래엔 홈페이지에서 해결해 드립니다.

교재 내용 문의
나의 교재 문의 | 수학 과외쌤 | 자주하는 질문 | 기타 문의

교재 정답 및 정오표
정답과 해설 | 정오표

교재 학습 자료
MP3

수학 EASY 개념서

개념수다

개념이 수학의 전부다! 술술 읽으며 개념 잡는 EASY 개념서

수학　0_초등 핵심 개념,
　　　1_1(상),　2_1(하),
　　　3_2(상),　4_2(하),
　　　5_3(상),　6_3(하)

수학 필수 유형서

올리드 유형완성

체계적인 유형별 학습으로 실전에서 더욱 강력하게!

수학　1(상), 1(하), 2(상), 2(하), 3(상), 3(하)

미래엔 교과서 연계 도서

자습서

미래엔 교과서 자습서

핵심 정리와 적중 문제로 완벽한 자율학습!

국어	1-1, 1-2, 2-1, 2-2, 3-1, 3-2	역사	①, ②
영어	1, 2, 3	도덕	①, ②
수학	1, 2, 3	과학	1, 2, 3
사회	①, ②	기술·가정	①, ②
		생활 일본어, 생활 중국어, 한문	

평가 문제집

미래엔 교과서 평가 문제집

정확한 학습 포인트와 족집게 예상 문제로 완벽한 시험 대비!

국어　1-1, 1-2, 2-1, 2-2, 3-1, 3-2
영어　1-1, 1-2, 2-1, 2-2, 3-1, 3-2
사회　①, ②
역사　①, ②
도덕　①, ②
과학　1, 2, 3

내신 대비 문제집

올리드 시험직보 문제집

내신 만점을 위한 시험 직전에 보는 문제집

국어　1-1, 1-2, 2-1, 2-2, 3-1, 3-2

예비 고1을 위한 고등 도서

룩 LOOK

이미지 연상으로 필수 개념을 쉽게 익히는
비주얼 개념서

국어　문법
영어　분석독해

손쉬운

작품 이해에서 문제 해결까지
손쉬운 비법을 담은 문학 입문서

현대 문학, 고전 문학

수학중심

개념과 유형을 한 번에 잡는
개념 기본서

고등 수학(상), 고등 수학(하),
수학Ⅰ, 수학Ⅱ, 확률과 통계, 미적분, 기하

유형중심

체계적인 유형별 학습으로
실전에서 더욱 강력한 문제 기본서

고등 수학(상), 고등 수학(하),
수학Ⅰ, 수학Ⅱ, 확률과 통계, 미적분

NEW 올리드

탄탄한 개념 설명, 자신있는 실전 문제

사회　통합사회, 한국사
과학　통합과학

수능 국어에서 자신감을 갖는 방법?
깨독으로 시작하자!

고등 내신과 수능 국어에서 1등급이 되는 비결 -
중등에서 미리 깨운 독해력, 어휘력으로 승부하자!

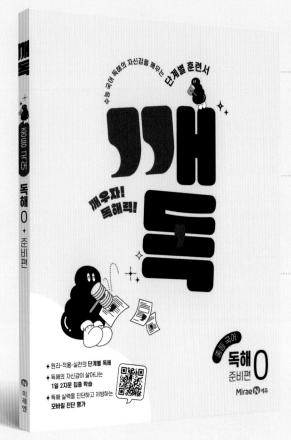

단계별 훈련
독해 원리 → 적용 문제 → 실전 문제로
단계별 독해 훈련

교과·수능 연계
중학교 교과서와 수능 연계 지문으로
수준별 독해 훈련

독해력 진단
모바일 진단 평가를 통한
개인별 독해 전략 처방

| 추천 대상 |

· 중등 학습의 기본이 되는 문해력을 기르고 싶은 초등 5~6학년
· 중등 전 교과 연계 지문을 바탕으로 독해의 기본기를 습득하고 싶은 중학생
· 고등 국어의 내신과 수능에서 1등급을 목표로 훈련하고 싶은 중학생

중등 국어 교과 필수 개념 및 어휘를 '종합편'으로,
수능 국어 기초 어휘를 '수능편'으로 대비하자.

수능 국어 독해의 자신감을 깨우는
단계별 독해 훈련서

깨독 시리즈 (전6책)

[독해] 0_준비편, 1_기본편, 2_실력편, 3_수능편
[어휘] 1_종합편, 2_수능편

독해의 시작은
어휘력에서!